François Chouvel

L'essentiel des Finances publiques de l'État

18e édition
2017

Gualino
une marque de Lextenso

LES CARRÉS

Cette collection de livres présente de manière synthétique, rigoureuse et pratique l'ensemble des connaissances que l'étudiant doit posséder sur le sujet traité. Elle couvre :

- le Droit et la Science Politique ;
- les Sciences économiques ;
- les Sciences de gestion ;
- les concours de la Fonction publique.

François Chouvel a été directeur de l'IPAG de l'Université Clermont I ; chercheur au Centre d'études fiscales et financières d'Aix-Marseille Université, il enseigne à l'École des Officiers de la Gendarmerie Nationale (EOGN) et à l'École Nationale de la Magistrature (ENM).

Du même auteur, chez le même éditeur

Collection « Mémentos LMD »

– *Finances publiques*, 20e éd. 2017.

70, rue du Gouverneur Général Éboué
92131 Issy-les-Moulineaux cedex
ISBN 978 - 2 - 297 - 06369 - 2
ISSN 1288-8206

PRÉSENTATION

Cet ouvrage a pour vocation de ***présenter*** de façon synthétique ***les diverses composantes*** (juridique, financière, comptable...) ***du budget de l'État, qu'il s'agisse des règles qui président à son élaboration, à son vote et à son exécution, des procédures qui régissent le contrôle de son exécution ou de l'agencement de ses recettes et dépenses***, tout cela en conformité avec la loi organique du 1er août 2001 (LOLF).

Par nature, les finances publiques appellent des exemples chiffrés et ***l'ouvrage intègre à cet égard les données les plus actualisées (chiffres de 2017)*** qui permettent d'illustrer la contexture du budget de l'État, notamment, mais aussi de comprendre les enjeux de la politique budgétaire.

Compte tenu de ses incidences directes ou indirectes sur le budget de l'État, ***l'ouvrage présente également les grands objectifs de la loi de financement de la Sécurité sociale pour 2017.***

SOMMAIRE

PARTIE 1
Le cadre juridique du budget

SOMMAIRE

SOMMAIRE

PARTIE 4
L'exécution de la loi de finances

PARTIE 5
Le contrôle de l'exécution de la loi de finances

SOMMAIRE

Présentation du budget de l'État

Introduction

Le budget de l'État est actuellement encadré, à titre principal, par quatre séries de normes internes, de valeur, constitutionnelle, supralégislatives ou réglementaires, mais aussi par des normes européennes.

La Constitution du 4 octobre 1958, tout d'abord, formule de manière générale un certain nombre de principes ; par exemple, l'article 34 prévoit que le Parlement est compétent pour fixer l'assiette, le taux et les modalités de recouvrement des impôts. Toutefois, la Constitution ne détermine que les conditions d'élaboration du budget et renvoie en ce domaine à une loi organique.

La loi organique du 1er août 2001 relative aux lois de finances, dont les dispositions d'application progressive se sont substituées intégralement en 2006 à celles de l'ordonnance portant loi organique du 2 janvier 1959 relative aux lois de finances, poursuit deux objectifs fondamentaux :

- améliorer la gestion publique (instauration de programmes ministériels, fongibilité de crédits, responsabilisation des gestionnaires sur la finalité des missions...) ;
- renforcer l'exercice du pouvoir budgétaire du Parlement (lisibilité et sincérité de l'autorisation budgétaire, meilleur respect de celle-ci en cours d'exécution, renforcement de l'information du Parlement, revalorisation des lois de règlement...).

La jurisprudence constitutionnelle représente également une source importante du droit budgétaire et financier ; le Conseil constitutionnel a été en effet conduit à préciser, par ses interprétations, la plupart des règles contenues, notamment, dans la loi organique du 2 janvier 1959 et a commencé à interpréter celles de la loi organique de 2001.

Le décret du 7 novembre 2012 relatif à la gestion budgétaire et comptable publique régit pour sa part les conditions d'exécution du budget voté ; ce long texte de 240 articles détaille les différentes opérations d'exécution, répartit les compétences entre les agents chargés de ces opérations, organise les règles comptables applicables, prévoit les procédures de contrôle.

Le Traité sur l'Union européenne, de 1992, ou le ***Traité sur la stabilité, la coordination et la gouvernance au sein de l'Union économique et monétaire***, de 2012, imposent des règles prudentielles en matière de déficit et de dette.

Le cadre juridique du budget

PARTIE 1

L'annualité budgétaire

Chapitre 1

La loi organique de 1959 a établi quatre grands principes budgétaires – au premier rang desquels apparaît l'annualité – qui ont été confirmés par la loi organique de 2001 qui a adjoint un cinquième principe, celui de sincérité.

1 Le principe

L'article 1er de la loi organique de 2001 dispose que la loi de finances de l'année prévoit et autorise, pour chaque année civile, l'ensemble des ressources et des charges de l'État et que l'exercice s'étend sur une année civile.

La règle d'annualité est traditionnelle dans l'histoire budgétaire et a été suivie, avec des fortunes diverses, depuis la Restauration, au début du XIXe siècle. Le principe d'annualité signifie que le budget est ***voté chaque année et pour une année par le Parlement et qu'il doit être exécuté dans l'année*** par le gouvernement.

L'année budgétaire coïncide en France avec ***l'année civile*** ; certains États dissocient leur exercice budgétaire de l'année civile : Japon ou Grande-Bretagne (1er avril), États-Unis (1er octobre)...

2 Les exceptions

Les dérogations au vote annuel

a) Pour une période inférieure à un an

La loi organique de 2001 (article 35), prévoit que seules les ***lois de finances rectificatives peuvent en cours d'année modifier les dispositions de la loi de finances de l'année***; ces textes, également appelés « collectifs budgétaires », permettent de corriger ou de modifier, en cours d'exécution, le contenu et les options de la loi de finances initiale et de procéder à des ajustements conjoncturels. Les collectifs sont souvent déposés en fin d'année pour traduire l'incidence de la révision des hypothèses économiques sur les dotations de l'année en cours et procéder aux ajustements nécessaires qui peuvent être structurels : ainsi les lois de finances rectificatives d'octobre et décembre 2008 pour le financement de l'économie ou de février, avril et décembre 2009 ou les quatre collectifs de mars, mai, juin et décembre 2010, ou ceux de juillet, septembre, novembre et décembre 2011, ont-ils traduit la crise financière et boursière qui a frappé l'Europe en septembre 2008 ; trois collectifs ont été adoptés en 2012 et en 2013, deux en 2014, et un en 2015 et en 2016.

b) Pour une période supérieure à un an

Depuis 2006, le système des autorisations de programme et des crédits de paiement est étendu à l'ensemble des dépenses des programmes (loi organique de 2001, article 8) et l'on parle d'***autorisation d'engagement et de crédits de paiement***. Ce système ne s'appliquait, avant 2006, qu'aux opérations d'investissement. Cette extension est la conséquence logique de la fongibilité des crédits au sein d'enveloppes globalisées rassemblant l'ensemble des moyens nécessaires pour accomplir les objectifs d'une politique publique. En revanche, si les autorisations de programme étaient valables sans limitation de durée, les autorisations d'engagement perdent, pour leur part, cette validité permanente.

Les autorisations d'engagement constituent ***la limite supérieure des dépenses pouvant être engagées***. Pour une opération d'investissement, l'autorisation d'engagement couvre un ensemble cohérent et de nature à être mis en service et exécuté sans adjonction. ***Les crédits de paiement constituent la limite supérieure des dépenses pouvant être ordonnancées*** ou payées pendant l'année pour la couverture des engagements contractuels dans le cadre des autorisations d'engagement. Pour les ***dépenses de personnel***, le montant des autorisations d'engagement ouvertes est égal au montant des crédits de paiement ouverts.

■ *Les dérogations à l'exécution annuelle : les crédits de report*

Le report de crédits est l'opération par laquelle ***les crédits accordés à un ministère et non consommés en tout ou partie en fin d'année, peuvent venir s'ajouter à la dotation de l'année suivante*** (en moyenne, 2 milliards d'euros sont reportés chaque année sur l'exercice suivant) : ***les autorisations d'engagement disponibles sur un programme*** à la fin de l'année peuvent être reportées sur le même programme par arrêté conjoint du ministre des Finances et du ministre intéressé, majorant à due concurrence les crédits de l'année suivante, à l'exception des crédits de personnel. ***Les crédits de paiement disponibles sur un programme*** à la fin de l'année peuvent être reportés sur le même programme par arrêté conjoint sous certaines conditions :

- d'une part, les crédits inscrits sur le titre des dépenses de personnel du programme bénéficiant du report peuvent être ***majorés dans la limite de 3 % des crédits initiaux*** inscrits sur le même titre du programme à partir desquels les crédits sont reportés ;
- d'autre part, ***les crédits inscrits sur les autres titres du programme*** bénéficiant du report peuvent être ***majorés dans la limite globale de 3 %*** de l'ensemble des crédits initiaux inscrits sur les mêmes titres du programme à partir duquel les crédits sont reportés.

L'universalité budgétaire

Chapitre 2

Règle fondamentale du droit budgétaire, l'universalité implique le rassemblement en une seule masse de l'ensemble des recettes brutes sur laquelle doit s'imputer l'ensemble des dépenses brutes.

1 Le principe

La loi organique de 2001 prévoit que le budget décrit toutes les ressources et toutes les charges permanentes de l'État (article 6) et qu'il est fait recette du montant intégral des produits sans contraction entre dépenses et recettes, l'ensemble des recettes assurant l'exécution de l'ensemble des dépenses. De ce principe, découlent deux règles, la non-compensation et la non-affectation. ***La non-compensation signifie que les recettes et dépenses sont inscrites pour leur montant intégral***: cette obligation d'inscrire le produit brut fait obstacle à l'inscription d'un produit net, c'est-à-dire d'un solde, après contraction des dépenses et recettes. ***La règle de non-affectation proscrit l'affectation d'une recette particulière*** à une dépense particulière : toutes les recettes sont indistinctement destinées à la couverture des dépenses inscrites au budget.

2 Les dérogations

■ *Les dérogations dans le budget général*

a) Les fonds de concours

Autorisés par la loi organique de 2001 (article 16), ***les fonds de concours représentent une procédure permettant d'ouvrir des crédits et de les affecter à certaines dépenses*** et concernent des volumes de crédits importants (près de 3,9 milliards d'euros en 2017). Ce sont des fonds versés par des personnes physiques ou morales pour contribuer avec ceux de l'État à des ***dépenses d'intérêt public*** et la partie versante est assurée que ses fonds seront bien affectés à l'opération pour laquelle ils sont versés. C'est notamment le cas des collectivités locales qui versent des contributions à l'État pour le financement de certains investissements (constructions universitaires, routes...). À ces fonds de concours par nature, il faut ajouter les fonds de concours par assimilation qui, prévus par décrets, concernent le produit de recettes non fiscales (frais d'assiette et de recouvrement des impôts locaux, remboursement de services rendus...). En outre, les legs et donations attribués à l'État sont assimilés à des fonds de concours et l'emploi des fonds doit être conforme à l'intention du donateur.

L'article 17-II de la loi organique de 2001 prévoit que les fonds de concours sont directement portés en recettes au budget général, au budget annexe ou au compte spécial et leurs recettes sont prévues et évaluées par la loi de finances, exercice de prévision qui sera sans doute très délicat...

b) Les rétablissements de crédits

Rétablir un crédit (environ 1 milliard d'euros chaque année) consiste à ***reverser à un service de l'État des sommes qu'il avait indûment ou provisoirement payées*** et qui lui sont donc réaffectées. Cette régularisation d'ordre comptable intervient, par exemple, lorsqu'un fonctionnaire change d'administration et perçoit momentanément deux traitements, l'un de son administration d'origine, l'autre de sa nouvelle administration : il devra reverser son premier traitement et ce crédit sera rétabli au profit de son administration d'origine.

■ *Les dérogations à côté du budget général*

Figurant dans la loi de finances, mais présentés à côté du budget général, les ***budgets annexes*** dérogent à la règle de non-affectation car ils disposent de recettes affectées à leurs dépenses ; de la même façon, ***les comptes spéciaux du Trésor*** représentent, pour certains d'entre eux, une dérogation à la règle de non-affectation, pour d'autres, une exception à la fois à la règle de non-affectation et à celle de non-compensation, dans la mesure où leurs opérations se compensent et le Parlement ne vote qu'une autorisation de découvert maximum.

L'unité budgétaire

Chapitre 3

Le principe d'unité est applicable au budget de l'État, mais au-delà, aux budgets des autres personnes publiques, comme les collectivités locales par exemple. S'agissant de l'État, les recettes et dépenses ne sont toutefois pas toutes retracées dans le budget général.

1 Le principe

La loi organique de 2001 dispose (article 6) que la loi de finances de l'année prévoit et autorise l'ensemble des ressources et des charges de l'État et que (article 18) ***toutes les recettes et dépenses sont imputées à un compte unique intitulé budget général***.

Ce principe vise à ***faciliter le contrôle parlementaire*** dans la mesure où le recensement de la totalité des ressources et des charges et leur présentation dans un document synthétique reprenant à un compte unique les additions de recettes et dépenses permet aux parlementaires d'avoir une vue d'ensemble de la situation budgétaire de l'État.

2 Les aménagements

Si la loi de finances regroupe l'ensemble des recettes et des dépenses de l'État, celles-ci sont toutefois retracées dans trois comptes différents qui composent la loi de finances : le budget général, les budgets annexes, les comptes spéciaux.

Les budgets annexes

a) Le régime juridique des budgets annexes

La loi organique de 2001 (article 18) prévoit que les budgets annexes retracent les ***opérations des services de l'État que la loi n'a pas dotés de la personnalité morale et dont l'activité tend essentiellement à produire des biens ou des prestations de services*** donnant lieu au paiement d'une redevance.

b) Les deux budgets annexes

Le volume global des budgets annexes atteint environ 2,3 milliards d'euros ; ces budgets correspondent à la définition donnée par la loi organique : ***les publications officielles (192 millions) et l'Aviation civile (2,1 milliards)***. La Légion d'Honneur et l'Ordre de la Libération, budgets annexes jusqu'en 2005 ont été intégrés en 2006 à un programme du ministère de la Justice, puis dans un programme Coordination du travail gouvernemental, et les Monnaies et Médailles ont été transformées en établissement public en 2007.

Les comptes spéciaux

a) Le régime juridique des comptes spéciaux

La loi organique (articles 19 et 20) prévoit que ces comptes sont ouverts par une loi de finances et leurs opérations sont prévues, autorisées et exécutées dans les mêmes conditions que les opérations du budget général. Ils concernent des ***dépenses qui bénéficient d'une affectation particulière de recettes et des opérations qui présentent un caractère temporaire***, sauf exceptions.

La trentaine de comptes spéciaux se répartit en ***quatre catégories*** de comptes que l'on peut ventiler en deux groupes, les comptes à crédits et les comptes à découvert.

b) Les comptes à crédits

Les comptes à crédits réalisent une affectation de recettes à des dépenses et sont dotés d'évaluation de recettes et de crédits :

- les ***comptes d'affectation spéciale*** (76,1 milliards d'euros) retracent presque exclusivement des opérations définitives : parmi les 11 comptes d'affectation spéciale, les plus importants en volume sont le compte Participations financières de l'État (5 milliards d'euros), qui retracent les recettes résultant des privatisations, ou le compte Pensions (59,8 milliards) ;

– les ***comptes de concours financiers*** (au nombre de 6), retracent les prêts et avances consentis par l'État, soit à des États étrangers, soit aux collectivités territoriales. Le plus important en volume est le compte Avances aux collectivités territoriales qui, sur un total de 126,9 milliards, représente à lui seul 106,1 milliards. Les impôts locaux ne sont en effet payés qu'en fin d'année et l'État fait l'avance mensuelle aux collectivités du produit attendu des impôts locaux, dont elles ont voté les taux et produits en début d'année, l'État rentrant (à peu près) dans ses fonds en fin d'année lors du paiement de ces impôts.

c) Les comptes à découvert

Les comptes à découvert réalisent à la fois une affectation de recettes à des dépenses et une compensation : l'autorisation votée par le Parlement ne porte pas sur leurs recettes et dépenses mais sur un découvert maximum à ne pas dépasser :

– les ***10 comptes de commerce*** retracent des opérations à caractère industriel et commercial effectuées à titre accessoire par des services de l'État : comptes militaires, régies industrielles des prisons... Leurs ressources prévisionnelles sont évaluées à 20 milliards d'euros. Le plus important est le compte Gestion de la dette de l'État (19 milliards) ;

– les ***3 comptes d'opérations monétaires*** enregistrent des dépenses et des recettes de caractère monétaire (FMI...). Leurs autorisations de découvert sont fixées à 250 millions.

La spécialité budgétaire

Chapitre 4

La spécialisation par programme des crédits votés en lois de finances constitue le quatrième principe fondamental du droit budgétaire, mais en raison de son caractère contraignant, il est assorti d'un certain nombre de dérogations et d'atténuations.

1 Le principe

L'article 7.I de la loi organique de 2001 prévoit que les crédits ouverts par les lois de finances pour couvrir chacune des charges budgétaires de l'État sont regroupés par ***missions*** relevant d'un ou plusieurs services d'un ou plusieurs ministères, et l'article 7. II dispose que ***les crédits sont spécialisés par programme ou par dotation***.

■ *Les programmes et les missions*

Les crédits sont regroupés et spécialisés à l'intérieur d'environ 180 programmes. Ces crédits sont destinés à mettre en œuvre une action ou un ensemble cohérent d'actions (700 actions au total).

Les programmes sont eux-mêmes regroupés au sein de ***missions*** (51 missions) : celles-ci, qui comprennent un ensemble de programmes concourant à la politique publique définie, relèvent d'un ou plusieurs services, d'un ou plusieurs ministères. Elles peuvent être ***interministérielles*** (sur 31 missions pour le budget général, 8 sont interministérielles) ; chaque budget annexe ou compte spécial constitue à lui seul une mission (20 missions). Par exemple la Mission interministérielle « Sécurités » compte quatre programmes « Gendarmerie nationale », « Sécurité routière », « Sécurité civile » et « Police nationale », ce dernier comprenant six actions : ordre public, sécurité routière, police judiciaire...

Au sein d'un programme, le gestionnaire peut redéployer les crédits entre les titres (au nombre de sept : dépenses de fonctionnement, dépenses de personnel, charge de la dette...).

Cette ***fongibilité des crédits*** connaît toutefois une limite : les crédits ouverts sur le titre des dépenses de personnel de chaque programme constituent le plafond des dépenses de cette nature. Les crédits de personnel de chaque programme ne peuvent être majorés par des crédits provenant d'un autre titre, mais peuvent en revanche abonder les crédits des autres titres : on parle à cet égard de ***fongibilité asymétrique***.

■ *Les budgets opérationnels de programme*

Si les programmes sont définis au niveau national, ils sont mis en œuvre au plus près du terrain : le responsable de programme confie ainsi la mise en œuvre concrète de son programme aux services concernés en constituant des budgets opérationnels de programme (BOP). Le BOP est une déclinaison du programme ministériel sur un périmètre d'activité ou sur un territoire. Le BOP se compose lui-même d'une ou plusieurs unité(s) opérationnelle(s) (UO).

Il existe environ ***1 920 BOP dont près de 1 600 au niveau des services déconcentrés (les deux tiers régionaux)***. Par exemple le Programme Gendarmerie, compte 10 BOP, 7 BOP étant positionnés sur les zones de défenses (niveau interrégional).

2 Les dérogations

■ *Les dérogations d'ordre politique*

a) Les fonds spéciaux

Le Parlement vote le montant des fonds « secrets » sans en connaître la destination. Depuis 1946, ces crédits (en 2017, 51,2 millions d'euros) sont ***mis à la disposition du Premier ministre, qui en dispose librement au profit d'opérations menées par les services secrets (DGSE, DGSI...)***.

Les fonds spéciaux constituent une sous-action de l'action Coordination de la Sécurité et de la Défense du Programme Coordination du travail gouvernemental de la Mission Direction de l'action du gouvernement.

b) Le budget des assemblées

Chaque chambre jouit d'une autonomie financière qui se traduit par l'inapplication au budget du Parlement des dispositions de la loi organique notamment. Les projets de crédits nécessaires à chaque assemblée ***sont préparés par les questeurs de chaque chambre***, puis arrêtés par une ***commission commune des crédits*** composée des questeurs des deux chambres et placée sous la présidence d'un magistrat de la Cour des comptes. Les crédits sont automatiquement et globalement inscrits dans la loi de finances. L'Assemblée nationale bénéficie d'une dotation de 517,8 millions d'euros, le Sénat de 323,5 millions d'euros et la Chaîne Parlementaire de 34,8 millions d'euros.

■ *Les dérogations d'ordre budgétaire*

a) Les provisions

La loi organique de 2001 (article 11) prévoit que la ***Mission Provisions*** est constituée d'une dotation « Dépenses accidentelles et imprévisibles » (324 millions d'autorisations d'engagement, 24 millions en crédits de paiement) voit ses crédits répartis par décret et par programme dans l'année, lorsque les événements surviennent (catastrophes naturelles...).

b) Les virements de crédits

La loi organique (article 12) prévoit que des virements peuvent ***modifier la répartition des crédits entre programmes d'un même ministère*** mais le montant cumulé des crédits ayant fait l'objet de virements ***ne peut excéder 2 % des crédits ouverts pour chacun des programmes concernés***. Les virements sont effectués par décret après information des commissions des finances.

c) Les transferts de crédits

La loi organique (article 12.II) prévoit que des transferts peuvent ***modifier la répartition des crédits entre programmes de ministères distincts***. Ils sont opérés par décret après information des commissions parlementaires (quelques centaines de millions d'euros de transferts par an).

La sincérité budgétaire

Chapitre 5

Évoqué de manière récurrente dans certaines décisions du Conseil constitutionnel depuis les années quatre-vingt-dix, le principe de sincérité est consacré par les articles 27 et 32 de la loi organique du 1er août 2001, ce dernier étant applicable depuis 2002.

1 La définition du principe de sincérité

■ *Un principe évoqué par des décisions du juge constitutionnel*

Bien qu'il n'ait jamais prononcé une déclaration de non-conformité pour un non-respect du principe de sincérité du budget, ***le Conseil constitutionnel a accepté, depuis le début des années quatre-vingt-dix, de répondre au grief d'insincérité des lois de finances dont il est saisi***. Ainsi, ce principe permet au Conseil constitutionnel d'examiner la validité des prévisions de recettes (décision n° 93-320 DC du 21 juin 1993, loi de finances rectificatives pour 1993), de contrôler les évaluations chiffrées des projets de lois de finances (décision n° 94-351 DC du 29 décembre 1994, loi de finances pour 1995), de vérifier que les lois de finances ne font pas l'objet d'artifices comptables et de s'assurer de la lisibilité des opérations financières de l'État (décision n° 97-395 DC du 30 novembre 1997, loi de finances pour 1998).

■ *Un principe consacré par la loi organique*

Véritable transposition d'un principe du droit financier applicable aux collectivités locales, le principe de sincérité recouvre des exigences différentes selon qu'il s'agit du budget ou des comptes.

a) La sincérité du budget

L'article 32 de la loi organique dispose que ***les lois de finances présentent de façon sincère l'ensemble des ressources et des charges de l'État***; leur sincérité s'apprécie ***compte tenu des informations disponibles et des prévisions qui peuvent raisonnablement en découler***. Il résulte de cette exigence que les moyens pour lesquels est sollicitée une autorisation parlementaire doivent correspondre aux charges prévisibles et doivent être à la fois suffisants pour permettre à l'État d'honorer ses dettes, et calculés au plus juste des besoins de manière à ne pas laisser inemployés les crédits votés, dont dépend par ailleurs le niveau des recettes soumis au vote. En outre, si en cours d'examen de la loi de finances parvenaient au gouvernement des informations nouvelles susceptibles de remettre en cause les grandes lignes de l'équilibre, l'obligation de sincérité lui imposerait sans doute de porter ces informations à la connaissance du Parlement.

b) La sincérité des comptes

L'article 27 (alinéa 3) prévoit que les comptes de l'État doivent être réguliers, sincères et donner une image fidèle de son patrimoine et de sa situation financière. La sincérité est ici comprise dans le sens traditionnel que lui donne la doctrine comptable. La sincérité de la loi de règlement est un concept plus exigeant qu'en ce qui concerne la loi de finances de l'année, la loi de finances rectificative ou la loi particulière (prise selon des procédures d'urgence), puisqu'elle s'entend de l'exactitude des comptes. Le risque est donc plus grand de voir, à l'avenir, une loi de règlement déclarée non conforme pour insincérité qu'une autre loi de finances, d'autant que les projets de lois de règlement sont désormais débattus avant les lois de finances.

2 La portée du principe de sincérité

Le Conseil constitutionnel a estimé, à propos de la sincérité, qui doit s'apprécier compte tenu des informations disponibles et des prévisions qui peuvent raisonnablement en découler, qu'elle se caractérise par une ***absence d'intention de fausser les grandes lignes de l'équilibre déterminé par la loi de finances*** (décision n° 2001-448 DC du 25 juillet 2001, loi organique relative aux lois de finances ; décision n° 2011-644 DC du 28 décembre 2011, loi de finances pour 2012).

À l'occasion d'une double saisine concernant la loi de finances pour 2003, dont les requérants dénonçaient l'absence de sincérité dans l'évaluation des ressources et des charges, il a précisé qu'il ne ressortait pas des éléments qui lui étaient soumis que les évaluations de recettes prises en compte étaient entachées d'une erreur manifeste ***compte tenu des aléas inhérents à leur évaluation et des incertitudes relatives à l'évolution de l'économie en 2003***. Le Conseil constitutionnel souligne en outre que si, au cours de l'exercice, les grandes lignes de l'équilibre de la loi de finances s'écartaient sensiblement des prévisions, il appartiendrait alors au gouvernement de soumettre au Parlement un projet de loi de finances rectificative (décision n° 2002-464 DC du 27 décembre 2002, loi de finances pour 2003). Il a également indiqué que ***la sincérité s'appréciait en prenant en compte l'avis rendu par le Haut Conseil des finances publiques*** à propos des prévisions macro-économiques sur lesquelles repose le projet de loi de finances (décision n° 2012-658 DC du 13 décembre 2012, loi organique relative à la programmation et à la gouvernance des finances publiques).

La conception et le vote du budget

PARTIE 2

L'élaboration du budget

Chapitre 6

L'élaboration du budget relève de la compétence exclusive du pouvoir exécutif : dans la mesure où le budget constitue la traduction de la politique du gouvernement, il paraît légitime que celui-ci soit chargé de la préparation de ce texte ; en outre, seul le gouvernement dispose des ressources techniques et humaines nécessaires à la mise au point du budget.

1 Les auteurs du budget

■ Le ministre des Finances

La loi organique de 2001 (article 38), prévoit que, sous l'autorité du Premier ministre, ***le ministre des Finances prépare les projets de lois de finances*** qui sont arrêtés en Conseil des ministres.

Le ministre des Finances dispose d'une ***administration spécialisée***, dont les directions sont mobilisées par l'élaboration du budget, qu'il s'agisse de la ***direction générale du Budget***, qui est la véritable cheville ouvrière de cette préparation, de l'INSEE, de la direction générale du Trésor, de la direction générale des Douanes et Droits indirects ou de la direction générale des finances publiques (qui regroupe depuis 2008 les services des impôts et ceux du Trésor public).

■ Le Premier ministre

Le Premier ministre n'intervient pas dans le processus technique et administratif de préparation du budget, mais c'est lui qui ***fixe la stratégie budgétaire***, à partir des grands choix qui lui sont proposés par le ministre des Finances, et qui ***rend les arbitrages*** sur les désaccords pouvant opposer le ministre des Finances et les ***ministres dépensiers***. Ces derniers ne sont d'ailleurs pas des acteurs de premier plan, mais participent néanmoins d'une certaine façon à l'élaboration des budgets, ne serait-ce qu'en qualité de demandeurs de crédits ; de la même façon, le président de la République ne dispose d'aucune prérogative particulière dans l'élaboration du budget, mais certains présidents ont considéré que la fixation des grands axes budgétaires leur incombait et, hormis en période de « cohabitation », les souhaits de l'Élysée sont toujours suivis d'effets. Le décret du 22 janvier 2014 a créé un ***Conseil stratégique de la dépense publique***, présidé par le chef de l'État et composé du Premier ministre et de quelques ministres (budget, économie...) qui suit le programme d'économies présentées au titre du programme de stabilité.

2 La préparation du budget

La préparation du budget peut être décomposée en ***plusieurs étapes*** qui se déroulent sur les neufs premiers mois de l'année.

■ La programmation pluriannuelle « externe »

La direction du Budget réfléchit à l'évolution prévisible de chaque budget ministériel à l'horizon N + 3 et à celle des recettes durant cette période. Cette première étape de programmation débouche, en début d'année, sur la rédaction du ***programme pluriannuel d'évolution des finances publiques***, rebaptisé ***programme de stabilité***, qui est notifié aux instances communautaires en mars. Cette obligation résulte du Pacte de Stabilité et de Croissance adopté lors du sommet d'Amsterdam en juin 1997.

■ La programmation pluriannuelle « interne »

L'article 34 de la Constitution prévoit que ***la loi de programmation des finances publiques*** s'inscrit dans l'***objectif d'équilibre des comptes des administrations publiques***. Cette loi intègre les finances de l'État, de la Sécurité sociale et des collectivités territoriales. Elle détermine ***l'évolution détaillée des dépenses de l'État sur trois ans***. L'article 70 de la Constitution prévoit que le Conseil économique, social et environnemental est consulté sur cette loi de programmation, qui ne se substitue pas aux lois de finances ou de financement de la Sécurité sociale. La loi du 9 février 2009 de programmation concernait la période 2009-2012 : la crise boursière et économique a mis à mal les objectifs qu'elle a fixés. La loi de programmation du 28 décembre 2010 concernait la période 2011-2014 et avait sensiblement révisé les évaluations et objectifs de la précédente. La loi actuelle, du 29 décembre 2014, porte sur les exercices 2014 à 2019.

Le cadrage

Fin janvier, le Premier ministre et le ministre des Finances présentent au gouvernement la stratégie d'ensemble en matière de finances publiques : à l'issue de ce séminaire, ***le Premier ministre adresse aux ministres une lettre de cadrage*** fixant des orientations et des normes de maîtrise des dépenses publiques.

L'examen des perspectives budgétaires

a) Les réunions techniques

En février-mars se déroule une phase d'examen des perspectives budgétaires et des projets de réforme et des économies qui leur sont associées. Le ministre des Finances organise avec chaque ministre des réunions d'économies structurelles visant à examiner les projets de réforme des politiques publiques.

Les ministres du Budget et de la Réforme de l'État pilotent conjointement un exercice complémentaire portant sur le fonctionnement de l'État en vue d'identifier des mesures permettant de dégager des gains de productivité.

b) Les réunions budgétaires

La direction du Budget et les services des ministères tiennent des réunions budgétaires pour instruire les demandes de crédits qui intégreront les prescriptions de la lettre de cadrage. L'examen des recettes débute, pour chaque ministère, par une phase d'évaluation des dépenses fiscales (les « niches fiscales ») et des taxes affectées, qui sont classées selon leur efficience.

La phase de restitution

a) L'appréciation des propositions budgétaires

En avril, le ministre des Finances communique au Premier ministre les éléments ressortant de l'instruction conjointe qui a été effectuée. Le Premier ministre organise des réunions de restitution afin d'apprécier les propositions budgétaires par rapport au cadrage.

b) Les lettres-plafonds

À l'issue de ces réunions, le Premier ministre adresse à chaque ministre une lettre-plafond arrêtant ses crédits et effectifs ; ces lettres sont transmises aux commissions des finances.

c) La répartition des crédits par programme

En mai, un cycle de réunions se déroule entre la direction du Budget et les services des ministères pour procéder à la répartition des plafonds de crédits arrêtés ; les premiers arbitrages sont rendus à cette époque.

■ *Les conférences budgétaires*

Après les réunions entre les services qui tiennent des conférences fiscales visant notamment à examiner les réductions des dépenses fiscales, le ministre des Finances organise avec les ministres des conférences de gestion publique qui ont pour objet de finaliser la liste des objectifs et indicateurs du projet de loi de finances et de fixer les cibles et résultats à atteindre.

■ *L'information du Parlement*

En 1996, pour la première fois sous la Ve République, le gouvernement a décidé d'informer le Parlement, à l'issue de la phase des perspectives, des orientations budgétaires pour 1997. Cette information a pris la forme d'un rapport d'orientation budgétaire remis par le gouvernement au Parlement, et d'une contribution de la Cour des comptes : un débat d'orientation budgétaire, devenu, en 2008, ***débat d'orientation des finances publiques***, s'est déroulé dans les deux assemblées ; depuis lors, cette procédure est suivie chaque année.

L'article 48 de la loi organique de 2001, applicable depuis 2003, consacre et institutionnalise la pratique du débat d'orientation budgétaire devenu en 2008 débat d'orientation des finances publiques, mais ne le rend pas obligatoire. Le rapport que le gouvernement doit remettre à l'occasion de ce débat comporte une analyse des évolutions économiques, une description des grandes orientations de la politique économique et budgétaire au regard des engagements européens de la France, une évaluation à moyen terme des ressources de l'État ainsi que ses charges ventilées par grandes fonctions, la liste des missions, programmes et indicateurs de performance associés à chacun des programmes envisagés par le projet de loi de finances de l'année suivante.

■ *La mise au point définitive*

Les mois de juillet-août sont consacrés à la finalisation des documents à destination du Parlement.

Avant qu'il ne soit délibéré en Conseil des ministres, le projet de loi de finances est ***soumis au Conseil d'État*** qui procède à son examen, du point de vue juridique. Après cet examen et sa délibération en Conseil des ministres, le projet est déposé dans la seconde moitié de septembre sur le bureau de l'Assemblée nationale.

3 L'évaluation du budget

L'évaluation des dépenses

a) L'ancien système des services votés

La loi organique de 1959 prévoyait que les services votés représentaient le minimum de dotation que le gouvernement jugeait indispensable pour poursuivre l'exécution des services publics. Il s'agissait en fait des crédits nécessaires au fonctionnement de l'administration déterminés par rapport aux crédits de l'année précédente : ***ces dépenses en quelque sorte incompressibles représentaient environ 95 % des dépenses*** totales du budget. La notion de services votés n'a pas totalement disparu mais a pris un autre sens : elle s'inscrit dans la seule éventualité des recours aux procédures d'urgence en cas d'échec du vote de la loi de finances dans les délais prévus (article 45 de la loi organique de 2001).

b) Les crédits des missions

La loi organique de 2001 a écarté la notion de services votés au profit de la ***distinction entre autorisation d'engagement et crédit de paiement***. Il n'y a donc plus de vote global sur la masse des services votés mais un vote par mission.

c) Le caractère limitatif des crédits

La loi organique (article 9) pose le principe du caractère limitatif des crédits, ce qui signifie que ***les dépenses ne peuvent être engagées et ordonnancées que dans la limite des crédits ouverts***. Les plafonds d'emplois sont également limitatifs.

L'article 9 de la loi organique de 2001 dispose que les ***crédits ouverts sur chaque programme sont limitatifs***, à l'exception des crédits relatifs à ***la charge de la dette, aux remboursements et dégrèvements*** d'impôts et à la mise en jeu des garanties accordées par l'État, qui ont un caractère évaluatif. L'article 13 prévoit qu'***en cas d'urgence les décrets d'avance***, pris après avis du Conseil d'État et des commissions des finances du Parlement peuvent ouvrir des crédits supplémentaires sans affecter l'équilibre budgétaire. À cette fin, ces décrets procèdent à l'annulation des crédits ou constatent des recettes supplémentaires mais le montant cumulé des crédits ainsi ouverts ne pourra excéder 1 % des crédits ouverts par la loi de finances. En cas d'***urgence et de nécessité impérieuse d'intérêt national***, des crédits supplémentaires pourront être ouverts après information des commissions des finances parlementaires, par décret d'avance pris en Conseil des ministres après avis du Conseil d'État, mais à la prochaine session du Parlement, un projet de loi de finances devra ratifier ces crédits.

L'évaluation des recettes

a) La méthode d'évaluation

Les recettes sont évaluées par les services du ministère des Finances : la direction générale des finances publiques et la direction générale des Douanes et des Droits indirects procèdent à des ***simulations fiscales appuyées sur les données économiques*** fournies par la direction générale du Trésor. Plus de 95 % des recettes du budget sont en effet fiscales et parmi ces recettes, quatre impôts (deux directs : impôt sur le revenu et impôt sur les sociétés ; deux indirects : TVA et taxe intérieure sur les produits pétroliers) produisent l'essentiel des ressources.

b) Les difficultés d'évaluation

Les évaluations peuvent être ***bouleversées en cours d'année par l'évolution législative*** (baisse de la TVA en cours d'année), par un ***événement imprévisible*** (choc pétrolier, crise financière...) ou par une ***dégradation de la situation économique*** (qui a une incidence mécanique sur les deux impôts les plus sensibles à la conjoncture, la TVA et l'impôt sur les sociétés). Le budget 2008 était fondé sur la même hypothèse ; la croissance a été d'environ 0,9 %. Le budget 2009 retenait un chiffre inférieur de 1 % : la croissance a été négative (-2,2 %). En revanche, la croissance réelle en 2010 a été deux fois plus forte que celle qui était prévue. Le projet de budget 2012 était construit sur une hypothèse de croissance de 1,75 %, qui a été revue à la baisse, fin octobre 2011, pour atteindre 1 %, puis 0,3 % en juillet. Le budget 2015 retenait une hypothèse de croissance de 1 %, jugée « optimiste » par le Haut Conseil des finances publiques mais cette hypothèse s'est réalisée. Le budget 2017 prévoit une croissance de 1,5 %.

Année	Prévision	Réalisation
1993	2,7	0,8
1996	2,8	1,2
2001	3,3	2,1
2002	2,25	1,2
2003	2,5	0,6
2004	1,7	2,5
2005	2,5	1,8
2007	2,25	1,8

2008	2,25	0,9
2009	1	-2,2
2010	0,75	1,5
2012	1	0,3
2013	0,8	0,3
2014	0,9	0,4
2015	1	1,1
2016	1,5	1,4
2017	1,5	

4 La présentation de la loi de finances

La loi de finances

La loi organique de 2001 (article 34) prévoit que la loi de finances doit comprendre deux parties distinctes.

a) La première partie

Intitulée « ***Conditions générales de l'équilibre financier*** », cette première partie comporte deux titres intitulés « ***dispositions relatives aux ressources*** », dans lequel figurent l'autorisation de percevoir les impôts ou les modifications de la législation fiscale, et « ***dispositions relatives à l'équilibre des ressources et des charges*** », qui ne comporte qu'un seul article, appelé ***l'article d'équilibre***, qui retrace sous la forme d'un tableau l'ensemble des recettes et l'ensemble des dépenses et le solde général (déficit) qui en résulte, et autorise le ministre des Finances à procéder à des emprunts. En outre, un tableau de financement présente l'évaluation des ressources et des charges de trésorerie qui concourent à la réalisation de l'équilibre financier. Enfin, une disposition arrête les modalités selon lesquelles seront utilisés les éventuels surplus du produit des impôts.

b) La seconde partie

Intitulée « ***Moyens des politiques publiques et dispositions spéciales*** », cette partie comprend plusieurs titres intitulés « ***Autorisations budgétaires pour l'année*** », dans lequel sont fixés les crédits des missions pour le budget général, les budgets annexes et comptes spéciaux du Trésor, « ***autorisations budgétaires pour l'année*** », qui comprend les plafonds des autorisations d'emplois, les « ***reports de crédits*** », qui fixe la liste des programmes pouvant bénéficier d'une exception à la limitation du report de crédits à 3 %, et « ***dispositions permanentes*** », dans lequel figure une variété de mesures ponctuelles (fiscales, sociales...).

c) Les états législatifs annexés

En fin de loi de finances figurent des états annexés, ***numérotés dans l'ordre alphabétique de A à E***, qui précisent certaines dispositions de la loi de finances.

■ *Les documents annexes*

La loi organique de 2001 (articles 50 à 52) prévoit que le projet de loi de finances doit être accompagné d'un certain nombre de documents.

Les articles 50 et 52 de la loi organique de 2001, applicables depuis 2002, imposent la présentation d'un nouveau document et modifient sensiblement le contenu d'un autre.

La loi organique du 17 décembre 2012 relative à la programmation et à la gouvernance des finances publiques a complété la liste (et la nature) des documents annexes.

a) Le rapport relatif à la situation et aux perspectives économiques

Ce rapport intègre ***le rapport relatif aux prélèvements obligatoires*** et ***le rapport économique, social et financier***. En fait, les perspectives économiques sont devenues le tome 1 du rapport économique, social et financier. Il intègre également des éléments qui, jusqu'en 2012, ne faisaient l'objet d'aucune information particulière comme les collectivités territoriales, les dépenses de l'ensemble des administrations...

S'agissant du rapport relatif aux prélèvements obligatoires, il retrace l'évolution de ces prélèvements et il est destiné ***à préparer l'examen du projet de loi de finances et du projet de loi de financement de la Sécurité sociale***. Il doit évaluer financièrement pour les deux années suivantes chacune des dispositions relatives aux prélèvements obligatoires envisagés par le gouvernement dans ces deux projets de texte.

Pour ce qui concerne le rapport économique, social et financier (Tome 2), il comprend notamment la présentation des hypothèses, des méthodes et des résultats des projections sur la base desquelles est établi le projet de loi de finances. Il présente et explicite ***les perspectives d'évolution pour les quatre années suivantes des recettes et dépenses et du solde de l'ensemble des administrations au regard des engagements européens de la France***.

b) Les annexes explicatives

Communément appelées les *« bleus budgétaires »* du fait de la couleur bleue de leur couverture, ces annexes (une cinquantaine) concernent chaque mission, un bleu étant consacré aux comptes spéciaux, et budgets annexes. Ces documents ***détaillent les crédits par programmes et par dotations***, récapitulent les effectifs du personnel de chaque ministère. Les annexes explicatives sont accompagnées du ***projet annuel de performance de chaque programme*** précisant la présentation des actions, des coûts associés, des objectifs poursuivis, des résultats obtenus et attendus pour les années à venir, mesurés au moyen d'indicateurs précis ; ***470 objectifs et 800 indicateurs environ ont été définis***.

c) Les avis du Haut Conseil des finances publiques

La loi organique relative à la programmation et à la gouvernance des finances publiques du 17 décembre 2012 a créé cette instance, placée auprès de la Cour des comptes et présidée par son premier Président, qui compte une douzaine de membres. Elle rend des avis publics sur les hypothèses macroéconomiques des textes financiers, le respect de la trajectoire des finances publiques ou la nécessité de déclencher le mécanisme de correction de la trajectoire.

d) Les annexes générales

Appelées *« jaunes budgétaires »*, ces annexes (une quarantaine environ) peuvent être distribuées aux parlementaires après le dépôt du projet de loi mais doivent l'être au moins cinq jours francs avant l'examen, par l'Assemblée nationale, en première lecture, des recettes ou des crédits auxquels elles se rapportent. Elles sont ***destinées à l'information et au contrôle du Parlement sur des sujets particuliers*** (télévision publique, action extérieure de la France, agences de l'eau...).

Il faut également souligner qu'en janvier, sont distribués des « ***verts budgétaires*** » qui correspondent au budget voté et présentent de façon détaillée les crédits de chaque ministère.

Les délais

Chapitre 7

La loi de finances avec la loi de financement de la Sécurité sociale sont les seuls textes dont le dépôt et l'adoption sont constitutionnellement enfermés dans des délais stricts expressément précisés. Ces règles édictées dans un souci d'efficacité s'inscrivent dans le cadre du parlementarisme rationalisé instauré en 1958.

1 Les délais de présentation

■ Le délai normal de dépôt

La loi organique de 2001 (article 39) précise que ***le projet de loi de finances***, y compris ***le rapport économique et financier*** et les ***annexes explicatives***, doit être déposé (et distribué) ***au plus tard le premier mardi d'octobre*** sur le ***bureau de l'Assemblée nationale*** et il est immédiatement renvoyé à l'examen de la commission des finances.

Un léger retard de quelques jours dans la mise à disposition d'annexes explicatives (les bleus), n'entache toutefois pas d'inconstitutionnalité la loi de finances dès lors que le Parlement a pu exercer normalement ses prérogatives budgétaires.

■ Les procédures d'urgence

a) Le projet de loi de finances partiel

La Constitution (article 47) et la loi organique de 2001 (article 45.1°) prévoient que si la loi de finances n'a pas été déposée en temps utile pour être promulguée avant le début de l'exercice, ***le gouvernement peut demander à l'Assemblée nationale, avant le 11 décembre,***

d'émettre un vote sur la première partie de la loi de finances et ce projet de loi est ensuite soumis au Sénat en procédure accélérée ; le gouvernement, une fois ce texte voté, prend des décrets de répartition des crédits par chapitres en ce qui concerne les services votés. Cette solution a été appliquée une seule fois, début décembre 1962, à la suite de la dissolution de l'Assemblée nationale le 9 octobre.

L'article 45.1° de la loi organique de 2001, applicable en 2006, reprend la formulation de l'actuel article 44.

b) Le projet de loi spécial

Si la solution précédente n'a pas été suivie ou n'a pas abouti, la loi organique de 2001 (article 45.2°) prévoit que ***le gouvernement dépose, avant le 19 décembre, devant l'Assemblée nationale, un projet de loi spécial l'autorisant à continuer de percevoir les impôts existants***. Comme dans l'hypothèse précédente, le gouvernement prend des décrets de répartition par chapitres applicables aux seuls services votés.

c) Le projet de loi particulier

Non prévue par les textes, cette hypothèse a été mise en œuvre en 1979 et validée par le Conseil constitutionnel : c'est ***le dépôt d'un projet de loi particulier autorisant le gouvernement à percevoir les impôts***. Le 24 décembre 1979, le Conseil constitutionnel a déclaré non conforme la loi de finances pour 1980 : ne pouvant appliquer aucune des solutions prévues, le gouvernement s'est inspiré de ces procédures et le Conseil constitutionnel a estimé qu'il appartenait aux pouvoirs publics de prendre les mesures d'ordre financier nécessaires pour assurer la continuité de la vie nationale.

Il convient de souligner qu'aucun des textes adoptés selon ces trois procédures accélérées ne se substitue à la loi de finances : ces textes s'appliquent jusqu'au vote de la loi de finances de l'année.

2 Les délais d'adoption

Au total, le Parlement dispose de 70 jours pour voter le budget.

Les délais de lecture

a) La première lecture

L'Assemblée nationale doit se prononcer dans un délai de quarante jours.

Le Sénat doit se prononcer ensuite dans un délai de vingt jours. Toutefois, si l'Assemblée nationale dépassait son délai de quarante jours, le Sénat ne disposerait plus que de quinze jours pour se prononcer sur le texte.

b) Les autres lectures

Après l'examen en première lecture par chaque chambre, le Premier ministre utilise une procédure accélérée et provoque la réunion d'une ***commission mixte paritaire*** (composée de 7 députés et de 7 sénateurs) chargée de proposer un texte commun sur les dispositions qui sont en litige entre les deux chambres. Si cette commission ne parvient pas à élaborer un texte de compromis ou si ce texte est repoussé par les chambres, après une nouvelle lecture par chaque chambre, ***l'Assemblée nationale statue définitivement***.

Pour ces autres lectures, le Parlement dispose d'au moins dix jours, si l'Assemblée s'est normalement prononcée en quarante jours en première lecture (le Sénat disposant de vingt jours) ou de quinze jours au plus, si l'Assemblée ne s'est pas prononcée en quarante jours.

■ *La sanction des délais*

a) La sanction des délais de lecture

Dans tous les cas, la méconnaissance des délais est le ***dessaisissement de la chambre concernée*** par le gouvernement qui transmet alors le projet à l'autre chambre.

b) La sanction du délai global

La Constitution (article 47) et la loi organique de 2001 (article 40) prévoient que si ***le Parlement ne s'est pas prononcé dans le délai de soixante-dix jours, les dispositions du projet de loi de finances peuvent être mises en vigueur par ordonnance*** : le Parlement est ainsi dessaisi de ses prérogatives budgétaires au profit du gouvernement.

L'adoption du budget

Chapitre 8

Les règles du parlementarisme rationalisé trouvent une expression renforcée à l'occasion de la discussion budgétaire : le particularisme de la procédure budgétaire, qui limite les prérogatives parlementaires, s'explique par des exigences d'efficacité, de rapidité, de maintien de l'équilibre financier et par la volonté de contenir d'éventuelles dérives dépensières.

1 La discussion du budget

■ *L'examen en commissions*

a) Les commissions des finances

Les commissions des finances des deux chambres jouent un ***rôle primordial dans l'examen, l'analyse et la discussion du budget*** ; coutumièrement, la présidence est confiée à un membre de l'opposition ; chaque commission des finances désigne en son sein des ***rapporteurs spéciaux*** chargés d'étudier les budgets des différents ministères, budgets annexes et comptes spéciaux. Chaque commission des finances dispose d'un ***rapporteur général*** qui élabore un rapport sur le projet de loi de finances, composé de plusieurs tomes : deux d'entre eux constituent une étude technique de la première partie et de la seconde partie du projet de loi de finances ; les autres fascicules reflètent ses analyses personnelles du budget. Il coordonne les travaux des rapporteurs spéciaux, présente ses conclusions à la commission et présentera, en son nom, les amendements en séance publique.

L'article 49 de la loi organique de 2001 prévoit que les commissions des finances – et les autres commissions concernées – adressent des ***questionnaires au gouvernement*** avant le 10 juillet ; la loi organique du 12 juillet 2005 a prévu qu'il doit y répondre avant le 10 octobre. L'article 57 prévoit en outre que les présidents et rapporteurs spéciaux de ces commissions peuvent procéder à toutes ***investigations sur pièces et sur place*** et à toutes auditions qu'ils jugent utiles. Tous les ***renseignements et documents d'ordre financier et administratif qu'ils demandent doivent leur être fournis*** (sous réserve des sujets à caractère secret : défense, sécurité intérieure ou extérieure...). En cas de refus de communiquer les renseignements ou documents demandés, le président de la commission des finances peut demander au ***juge administratif statuant en référé de faire cesser cette entrave sous astreinte***.

b) Les autres commissions

Les sept autres commissions de chaque chambre ne sont saisies du projet que sur la partie qui entre dans leur champ de compétence (la commission de la défense n'est saisie pour avis que du budget du ministère de la Défense). Ces commissions désignent en leur sein des ***rapporteurs pour avis*** chargés d'étudier le budget sous l'angle sectoriel qui les concerne et d'élaborer un rapport pour avis sur ce sujet.

■ *La discussion en séance publique*

Comme tout projet ou proposition de loi, le projet de loi de finances fait tout d'abord l'objet d'un débat général, dans lequel interviennent le rapporteur général, le président de la commission, le ministre des Finances et les groupes politiques.

La première partie de la loi de finances doit ensuite être discutée et adoptée : la loi organique de 2001 (article 42) prévoit en effet que la seconde partie de la loi de finances ne peut être mise en discussion devant une assemblée avant le vote de la première partie.

Lors de la discussion de ***la seconde partie de la loi de finances***, qui porte sur les crédits ministériels, chaque ministre dont les crédits sont soumis à l'examen doit être présent à la chambre pour expliquer sa gestion et débattre avec les parlementaires du contenu de son budget ; à ce stade, les ministres n'ont plus en face d'eux que les spécialistes de la question : le rapporteur général et les rapporteurs spéciaux de la commission des finances et les rapporteurs pour avis des autres commissions.

■ *Les votes*

La première partie est votée article par article (une cinquantaine) ; il y a donc autant de votes que d'articles.

S'agissant de la seconde partie, les évaluations de recettes font l'objet d'un vote d'ensemble pour le budget général, les budgets annexes et les comptes spéciaux.

Les évaluations de recettes font l'objet d'un vote d'ensemble pour le budget général, les budgets annexes et les comptes spéciaux. Les évaluations de ressources et de charges de trésorerie font l'objet d'un vote unique. La discussion des crédits du budget général donne lieu à un vote par mission, les votes portant à la fois sur les autorisations d'engagement et sur les crédits de paiement ; il n'y a pas de vote formel d'une masse salariale par ministère, par mission ou par programme mais le caractère limitatif des crédits de personnel au sein de chaque programme donne au montant des crédits de personnel précisé dans les annexes explicatives une force juridique. Un vote unique se déroule également sur le plafond ventilé par ministère des autorisations d'emplois rémunérés par l'État. Enfin, les crédits des budgets annexes et les crédits ou découverts des comptes spéciaux sont votés par budget annexe et par compte spécial (et non plus par catégorie de comptes spéciaux).

Au total, le budget nécessite environ ***200 votes***.

2 Les irrecevabilités financières

■ *L'irrecevabilité prévue par la Constitution*

a) L'interdiction de diminuer les ressources publiques

L'article 40 de la Constitution prévoit que les amendements parlementaires ne sont pas recevables lorsque leur adoption aurait pour conséquence ***soit une diminution des ressources publiques, soit la création ou l'aggravation d'une charge publique***.

Ces dispositions s'appliquent à toutes les lois et notamment aux lois de finances. L'article 40 interdit une diminution des ressources appréciées globalement mais le Conseil constitutionnel, en s'appuyant sur le pluriel du mot « ressources », admet les compensations entre ressources qui permettent de proposer la diminution d'une ressource si dans le même temps une autre ressource est augmentée ou créée.

b) L'interdiction de créer ou aggraver une charge publique

Un amendement visant à augmenter les dépenses est irrecevable et le singulier du mot « charge » interdit toute compensation entre dépenses ou ne permet pas d'augmenter une dépense en proposant la baisse d'une autre.

Les dispositions de la loi organique de 2001 renforcent sensiblement le pouvoir d'amendement parlementaire à travers une réinterprétation de l'article 40 de la Constitution qui fait interdiction aux parlementaires de diminuer les recettes ou d'augmenter une charge. L'article 47 de la loi organique de 2001 prévoit ainsi que la ***notion de charge s'entend au sens de la Constitution, au niveau des crédits de la mission : un amendement parlementaire pourrait donc modifier au sein d'une mission, la répartition des crédits entre programmes, voire créer ou supprimer des programmes***. Toutefois, selon l'article 7, seule une disposition de la loi de finances d'initiative gouvernementale peut créer une mission. Tout amendement doit, de toute façon, être accompagné des moyens qui le justifient, les amendements non conformes aux dispositions de la loi organique étant irrecevables.

■ *Le contrôle des irrecevabilités*

Les instances parlementaires compétentes (commission des finances...) doivent exercer un contrôle préalable sur les amendements, selon les modalités prévues par les règlements des assemblées.

Le Conseil constitutionnel ne pourra se prononcer ultérieurement sur la conformité d'une disposition introduite par amendement dans la loi de finances que si l'irrecevabilité de cet amendement au regard de l'article 40 a été soulevée lors des débats parlementaires : l'absence de contestation de la recevabilité d'un amendement en séance publique prive l'instance qui saisit ensuite le Conseil de la possibilité d'invoquer ce motif d'irrecevabilité devant le Conseil.

Les ressources et dépenses du budget

PARTIE 3

Les ressources

Chapitre 9

Les ressources du budget général sont principalement fiscales (401,3 milliards d'euros en 2017), les ressources non fiscales représentant environ 4 % des recettes (14,5 milliards). Le montant brut des recettes est toutefois amputé, pour près de 45 %, de divers prélèvements et remboursements au profit de bénéficiaires autres que l'État.

1 Les ressources brutes

■ *Les recettes fiscales*

a) Les principaux impôts directs

L'impôt sur le revenu représente 22 % des recettes fiscales, soit un produit d'environ 78,3 milliards d'euros.

L'impôt sur les sociétés est évalué à 60,5 milliards d'euros soit 15 % des recettes fiscales.

b) Les principaux impôts indirects

La *TVA* est la ressource principale de l'État : son produit est d'environ 204 milliards d'euros soit 50 % des recettes fiscales.

La *taxe intérieure de consommation sur les produits énergétiques* est évaluée à 16,2 milliards d'euros environ, ce qui équivaut à 4 % des recettes fiscales.

c) Les autres contributions

D'autres impôts et taxes directes ou indirectes (impôt de solidarité sur la fortune, droits de mutation par décès, taxe sur les contrats d'assurance...) produisent 10 % environ des recettes fiscales.

■ *Les recettes non fiscales*

Les recettes non fiscales représentent environ 14,5 milliards d'euros et proviennent de dividendes perçus par l'État au titre de ses participations dans des entreprises publiques ou de la rémunération de la garantie qu'il accorde aux Caisses d'Épargne, par exemple.

2 Les ressources nettes

Près de 43 % du montant des recettes est distrait, sous forme de prélèvements sur recettes ou sous forme de dégrèvements et de remboursements d'impôts.

■ *Les prélèvements sur recettes*

a) Au profit de l'Union européenne

Comme tous les États membres de l'Union européenne, ***la France alimente le budget communautaire*** par un prélèvement sur ses recettes : en 2017, ce prélèvement est de ***19 milliards d'euros***, ce qui représente près de 15 % du budget européen.

Année	Évolution des dépenses exécution en paiements (milliards d'euros)	Versements de la France (milliards d'euros)
2011	126,5	18,2
2012	129,1	18,8
2013	132,8	20,4
2014	135	20,2
2015	140	20,7
2016	143	21,5
2017	134	19

b) Au profit des collectivités locales

L'État prélève ***44,1 milliards d'euros*** sur ses recettes au profit des collectivités locales ; ces prélèvements peuvent être répartis en trois catégories : les ***prélèvements à caractère compensatoire***, qui représentent la contrepartie des charges imposées par la loi aux collectivités locales (compensation d'exonérations relatives à la fiscalité locale...), ***les subventions***, qui constituent une aide de l'État aux collectivités locales (la dotation globale de fonctionnement...), et ***les affectations de recettes***, certains produits ou fractions de produits étant reversés aux collectivités locales (une fraction de la taxe sur les produits pétroliers est versée aux collectivités de Corse...).

■ *Les remboursements et dégrèvements d'impôts*

a) Les remboursements

Les principaux remboursements concernent l'impôt sur les sociétés et la TVA (les exportateurs se voient rembourser la TVA, cette taxe n'étant pas applicable aux exportations).

b) Les dégrèvements

Les dégrèvements concernent principalement l'impôt sur le revenu et les impôts directs locaux.

Au total, remboursements et dégrèvements représentent près de ***109 milliards d'euros***, dont plus de 52 milliards de remboursement de TVA « export » et 12 milliards d'impôts locaux.

1. Recettes fiscales	401,3
2. Recettes non fiscales Recettes brutes : T1 + T2	14,5 415,8
3. Prélèvements sur recettes : au profit des collectivités locales au profit du budget communautaire Total T3	 44,1 19 63,2
4. Remboursements et dégrèvements d'impôts	108,8
5. Fonds de concours	3,9
Recettes nettes (T1 + T2) – (T3 + T4) + T5	247,6

■ *La structure des recettes*

Les recettes fiscales représentent près de 96 % des recettes de l'État.

La fiscalité indirecte représente la part prépondérante (un peu moins de 60 %) des recettes.

S'agissant de la fiscalité directe, l'impôt sur le revenu et l'impôt sur les sociétés représentent le tiers des recettes.

Le budget général est en fait ***principalement alimenté par quatre impôts, deux indirects*** (TVA – TIPP) et ***deux directs*** (impôt sur le revenu, impôt sur les sociétés) qui représentent les trois-quarts des recettes.

Plus de 41 % ***des recettes brutes, soit près de 172 milliards d'euros ne bénéficient pas directement à l'État*** au sens où il n'en a pas la libre disposition : ses ressources sont en effet amputées au profit de l'Union européenne, des collectivités locales ou des contribuables.

Les dépenses

Chapitre 10

Les dépenses du budget général sont supérieures aux recettes et le financement de cet écart est assuré par l'emprunt. Les marges de manœuvre budgétaires dont dispose l'État pour ses dépenses sont limitées par la rigidité de certaines dépenses qui se caractérisent par une inertie et une croissance spontanée. Les dépenses nettes du budget s'établissent à 322,4 milliards d'euros en 2017.

1 Les composantes rigides de la dépense

Les trois composantes les plus rigides de la dépense (charge de la dette, dépenses de personnel et de fonctionnement) représentent près de 222 milliards d'euros soit plus de la moitié (54 %) des dépenses brutes totales, mais 71 % des dépenses nettes.

■ *La charge de la dette*

a) L'encours de la dette publique

La dette de l'État représente le montant cumulé (l'encours) de l'ensemble des sommes dues au titre des emprunts, obligations du Trésor ou bons du Trésor par lesquels l'État assure ses besoins de financement. ***Ce stock de dette est évalué à environ 1 647 milliards d'euros fin 2017.***

b) La charge de la dette

Le montant total des intérêts que l'État doit verser au titre de la dette constitue la charge de la dette, qui s'élève en 2017 à près de ***41,7 milliards d'euros*** : cette charge absorbe environ 20 % des recettes nettes de l'État.

Année	Encours de la dette publique	Charge nette de la dette publique
2007	921	39,1
2008	1017	40,7
2009	1148	37,9
2010	1 229	42,4
2011	1 313	45,3
2012	1 386	48,7
2013	1457	46,9
2014	1531	46,6
2015	1584	43,4
2016	1647	44,4
2017	1690	41,7

■ *Les dépenses de personnel*

Les dépenses de personnel, c'est-à-dire les charges de rémunération des agents, les charges sociales et les pensions, représentent environ 127,2 milliards d'euros, soit 40 % des dépenses totales de l'État. Ces dépenses croissent naturellement par le jeu des revalorisations salariales, des avancements, des promotions et par l'augmentation du nombre de bénéficiaires de pension. Ces dépenses sont concentrées à 80 % sur les quatre ministères qui comptent le plus d'agents : Éducation, Défense, Finances et Intérieur. Au total, l'État comptera, en 2017, 1 945 000 agents environ, auxquels il faut ajouter 397 600 agents employés dans les opérateurs de l'État (établissements publics...).

■ *Les dépenses de fonctionnement*

Évaluées à 53 milliards d'euros, elles concernent principalement les dépenses (militaires notamment) de matériel, de fonctionnement et d'entretien (24,9 milliards) et les subventions de fonctionnement (28 milliards) accordées par les ministères aux établissements publics placés sous leur tutelle (CNRS, CEA, INRA...).

2 Les dépenses civiles et militaires

Les dépenses civiles

Quelques missions concentrent environ 70 % des dépenses civiles de l'État. Le premier poste budgétaire est constitué de l'Enseignement et de la Recherche : deux ***Missions interministérielles Enseignement scolaire*** (70 milliards) et ***Recherche et Enseignement supérieur*** (27 milliards) totalisent plus de 97 milliards de crédits ; toutefois si plus de 90 % des crédits de l'enseignement scolaire représentent des dépenses de personnel, celles-ci ne représentent que le tiers pour la Recherche, un peu moins de la moitié des crédits relevant du fonctionnement. La ***Mission Engagements financiers de l'État*** (42,3 milliards) se voit essentiellement imputer le coût de la charge de la dette. La ***Mission interministérielle Sécurités*** (19,3 milliards) est composée de quatre programmes Police (10,2 milliards), Sécurité routière (39 millions), Sécurité civile (476,3 millions) et Gendarmerie (8,5 milliards), l'essentiel des crédits (86 %) étant affecté au personnel. La ***Mission Travail et Emploi*** (15,4 milliards) est principalement composée de crédits d'intervention (77 %), les crédits de personnel ne représentant que 4 %. La ***Mission interministérielle Solidarité et Insertion*** (17,8 milliards) est essentiellement (88 %) constituée de crédits d'intervention ; enfin la ***Mission Égalité des territoires et logement*** (18,3 milliards) est essentiellement composée de crédits d'intervention du titre VI.

Les dépenses militaires

La ***Mission Défense est dotée de 40,6 milliards*** et comprend quatre programmes : Environnement et prospective de la politique de défense (1,3 milliard), Préparation et Emploi des forces (7,2 milliards), Soutien de la politique de la défense (21,9 milliards), Équipement des forces (10 milliards). Une partie des crédits traduit les grandes orientations contenues dans la loi de programmation militaire du 18 décembre 2013 pour 2014-2019.

L'emprunt

Chapitre 11

L'emprunt et la dette sont sans doute des composantes majeures de l'histoire financière française et représentent un enjeu cardinal pour les finances publiques. Considéré comme une ressource temporaire, l'emprunt constitue un mode de financement original, mais complexe : étroitement liée aux phénomènes de déficit budgétaire, la politique de l'emprunt connaît des limites internes et externes.

1 Les besoins de financement

■ *Le déficit des opérations budgétaires*

L'emprunt assure ***le financement du solde budgétaire, c'est-à-dire du déficit budgétaire*** : ce solde représente l'excédent des charges sur les recettes, pour l'ensemble des opérations du budget général et des comptes spéciaux du Trésor. En 2017, le déficit budgétaire prévisionnel est de ***69,3 milliards d'euros environ***.

Année	Loi de finances initiale	Loi de finances rectificative	Loi de règlement
2003	44,5	54,1	56,9
2004	55	49,5	43,8
2005	45,1	44	43,4
2006	46,9	42,4	38,9

2007	41,9	38,2	34,7
2008	41,6	51,3	56,2
2009	66,9	140,9	138
2010	117,3	149,7	148,8
2011	91,6	95,3	90,7
2012	78,7	83,6	87,2
2013	62,3	71,9	74,9
2014	82,5	88,2	85,5
2015	74,4	73,3	70,5
2016	72,3		
2017	69,3		

■ *Les charges de remboursement de la dette à long et moyen terme*

Si la charge de la dette, c'est-à-dire le paiement des seuls intérêts, représente une charge budgétaire permanente, l'amortissement des emprunts, c'est-à-dire le remboursement du capital, constitue une charge de trésorerie. L'amortissement concerne des emprunts et des bons du Trésor qui arrivent à échéance. L'État emprunte donc pour financer l'amortissement d'emprunts. Le tableau de financement de l'article d'équilibre de la loi de finances pour 2017 évalue à 121,8 milliards l'amortissement de la dette à moyen et long terme pour cette année.

2 Les ressources de trésorerie

■ *La couverture des besoins de financement de l'État*

C'est le Trésor public – à travers l'Agence France Trésor de la dette constituée en 2001 et la Caisse de la dette publique constituée en 2003 – qui est maître d'œuvre des opérations de trésorerie qu'il exécute sous la responsabilité de l'État. Pour financer le déficit et le remboursement de la dette, le Trésor public dispose d'une gamme de ressources diversifiées tant par leur durée que par leur nature. Le tableau de financement de l'article d'équilibre prévu à l'article 34.8° de la loi organique de 2001 fait apparaître pour 2017 un besoin de financement de 185 milliards d'euros provenant d'émissions nouvelles de dette à moyen et long terme.

a) Les ressources à moyen et long terme

Les emprunts d'État ont longtemps été le seul mode de financement à long terme, mais ces besoins de financement sont actuellement presque intégralement couverts par l'émission d'***obligations assimilées du Trésor*** (OAT), créées en 1985 et d'une durée de deux à cinquante ans ; l'assimilation permet de rattacher une émission à une tranche d'emprunt émise antérieurement dont elle épouse les caractéristiques. Les OAT font l'objet d'adjudications mensuelles qui permettent de mettre les souscripteurs en concurrence et donc de réaliser une économie sur les opérations.

Les bons du Trésor en compte-courant à taux fixe et intérêts annuels (BTAN), de deux à cinq ans, assuraient la couverture des besoins de financement à moyen terme ; ils étaient émis dans des conditions analogues (adjudications mensuelles) à celles des OAT et souscrits comme pour les OAT, par des investisseurs institutionnels français ou étrangers mais aussi par des particuliers ; les titres à moyen terme sont aujourd'hui émis sous forme d'OAT.

b) Les ressources à court terme

Les ***bons du Trésor à taux fixe*** (BTF) sont des emprunts à court terme (4 à 8 semaines, 13 semaines, 24 à 29 semaines, 41 à 52 semaines) dont les intérêts sont précomptés, c'est-à-dire payés d'avance. Ils sont destinés à couvrir les besoins infra-annuels de l'État et à parer au décalage résultant de la nécessité par l'État de régler ses dépenses dans l'attente des rentrées fiscales (408,1 milliards d'euros d'émission en 2014 contre 406,7 milliards d'euros de remboursements).

■ *Le régime juridique de l'emprunt*

a) L'emprunt, contrat administratif

L'emprunt est fondé sur ***l'accord du souscripteur*** puisque, normalement, personne n'est obligé de souscrire à l'emprunt et la loi organique (article 25.4°) se réfère au contrat d'émission de l'emprunt. Ce contrat présente un caractère administratif en raison de sa soumission à un régime exorbitant : il est autorisé par la loi de finances, ses conditions sont fixées par décret, ses modalités techniques définies par arrêté.

b) Portée et limites des garanties contractuelles

L'emprunt public, quelle que soit sa forme, offre l'intérêt de la ***sécurité*** et constitue souvent une ***valeur refuge*** : pour préserver cette confiance, l'État doit toutefois respecter le contrat qu'il a juridiquement et politiquement conclu avec les souscripteurs.

Pour diminuer la charge que constituent certains emprunts, l'État a toutefois été conduit à utiliser des procédés d'allégement qui, dans certains cas, peuvent être considérés comme des ***transgressions des termes du contrat*** : ***l'échange*** qui consiste à remplacer d'anciens titres contre des nouveaux plus longs mais présentant les mêmes caractéristiques, ***la conversion***, qui consiste à substituer un emprunt à un autre emprunt bénéficiant d'avantages réduits, ou ***le remboursement anticipé***. Les procédés représentent des techniques d'allégement de la dette.

c) Les exceptions au caractère contractuel de l'emprunt

Les emprunts libératoires, qui sont en fait des emprunts forcés, consistent à permettre aux contribuables de transformer une partie de leur impôt en emprunt : par exemple, « l'impôt sécheresse » de 1976 pouvait sous certaines conditions être transformé en emprunt.

Les emprunts obligatoires excluent par définition toute possibilité de choix du souscripteur, qui devient un souscripteur forcé : en 1983, les contribuables ont vu leur impôt majoré de 10 %, cette fraction supplémentaire représentant l'emprunt « souscrit » par chaque contribuable, qui sera remboursé en 1986.

3 Les limites du crédit public

■ *Les limites budgétaires et économiques*

Le recours à l'emprunt peut être hasardeux lorsque le montant de la dette est tel que ***la charge des intérêts absorbe une part trop importante des recettes budgétaires***.

La pression du crédit public est l'action que l'État exerce sur le marché des capitaux et sur le marché monétaire et elle correspond au pourcentage que représente, par rapport aux disponibilités du marché, le volume de l'emprunt public ; l'emprunt peut être limité par l'effet d'assèchement des disponibilités du marché qui ne permettraient plus aux entreprises de satisfaire leurs besoins de financement et cet effet d'éviction prive les entreprises des capitaux nécessaires à leurs investissements.

■ *Les limites politiques européennes*

Le Traité sur l'Union européenne prévoit que les États membres doivent éviter les déficits publics excessifs et cette ***discipline budgétaire*** est appréciée au regard de deux critères : d'une part, le ***rapport entre le déficit public prévu ou effectif et le produit intérieur brut*** ne doit pas ***dépasser une valeur de référence fixée à 3 %*** (la France devrait atteindre 2,7 % en 2017) ;

d'autre part, le ***rapport*** entre ***la dette publique brute*** et le ***produit intérieur brut ne doit pas dépasser une valeur de référence fixée à 60 %*** (la France devrait atteindre 96 % en 2017).

S'agissant de la notion de déficit public, le Traité de Maastricht se réfère au concept de « besoin de financement des administrations publiques » qui recouvre l'État, les collectivités, les organismes de Sécurité sociale et les établissements publics nationaux. Le calcul de la dette publique et du déficit public doit donc intégrer la dette et le déficit de l'ensemble de ces structures.

Le Pacte de Stabilité et de Croissance adopté à Amsterdam en juin 1997 vise à s'assurer que la politique budgétaire de chaque État membre ne pénalise pas ses partenaires, des niveaux de dette et de déficit élevés pouvant conduire à renchérir les taux d'intérêt supportés par l'ensemble de la zone. Ces règles ont été assouplies en 2005 afin de mieux prendre en compte les circonstances économiques et les spécificités de chaque État membre, assouplissements bien utiles en période de grave crise économique, comme celle qui frappe depuis septembre 2008.

Assouplissement ne veut toutefois pas dire indulgence et, en 2009, une procédure pour déficit excessif a été ouverte contre onze États, dont la France, à qui la Commission a demandé, en décembre 2009, de ramener son déficit à moins de 3 % du PIB d'ici... 2013 ! Délai reporté à 2015 puis, en février 2015, à 2017...

En octobre 2010, les chefs d'États et de gouvernement se sont accordés pour une réforme limitée du Traité de Lisbonne pour permettre le maintien du fonds intergouvernemental mis en place en 2010 (750 milliards d'euros), avec la garantie des États de la zone euro, après la crise de la dette qu'a connu la Grèce et d'autres États (Irlande, Portugal, Espagne, Italie). Sur trois ans, la Grèce a bénéficié d'un concours de 160 milliards (auxquels s'ajouteront 86 milliards à compter de 2015), le Portugal de 78 milliards et l'Irlande de 85 milliards.

Le Mécanisme Européen de Stabilité s'est substitué au Fonds européen : s'appuyant sur le capital apporté par les États pour emprunter sur les marchés, il dispose d'une capacité d'action de 500 milliards (700, en cas de besoin) destinée à apporter une assistante temporaire à un état solvable, à recapitaliser les banques en difficultés, à accorder des prêts ou à acheter de la dette des États contractée auprès des banques...

Le Traité sur la stabilité, la coordination et la gouvernance au sein de l'Union économique et monétaire, signé à Bruxelles en mars 2012, a prévu pour chaque État membre une règle relative à l'équilibre structurel : le solde annuel des administrations correspond à l'objectif à moyen terme spécifique à chaque pays avec une limite inférieure de 0,5 % de PIB de déficit structurel pour les États dont la dette est supérieure à 60 % du PIB, 1 % pour les autres. En outre, les États dont le ratio d'endettement est supérieur à 60 % doivent le réduire à un rythme moyen d'un vingtième par an de la différence entre le niveau de la dette et la valeur de référence.

L'exécution de la loi de finances

PARTIE 4

La séparation des ordonnateurs et des comptables

Chapitre 12

Les opérations d'exécution du budget sont principalement organisées par le décret du 7 novembre 2012 relatif à la gestion budgétaire et comptable publique. L'exécution du budget se décompose en plusieurs phases, certaines impliquant des actes administratifs, d'autres une manipulation de fonds ; aussi, ce sont deux types d'agents qui réalisent ces opérations.

1 Les agents d'exécution du budget

Les ordonnateurs

a) Les différentes catégories d'ordonnateurs

L'ordonnateur est un décideur au sens où il est l'autorité administrative qui prend la décision de la dépense et ordonne au comptable de payer. Les ministres sont ***ordonnateurs principaux*** ; les préfets sont ***ordonnateurs secondaires*** pour les services déconcentrés des administrations civiles de l'État ; pour certaines opérations, comme le prévoit le décret du 27 juillet 2005, des ***ordonnateurs délégués*** sont compétents : ils bénéficient d'une délégation de signature de la part du ministre (membres du cabinet, hauts fonctionnaires...) ou du préfet (secrétaire général de la préfecture, chefs des services déconcentrés).

b) La responsabilité des ordonnateurs

Le décret de 2012 (article 12) prévoit que les ministres encourent à raison de l'exercice de leurs attributions, les responsabilités prévues par la loi : cela renvoie à la ***responsabilité politique du***

gouvernement (motion de censure) mais aussi à la ***responsabilité pénale des ministres*** (Cour de justice de la République). Les autres ordonnateurs (secondaires) encourent une responsabilité disciplinaire, pénale ou civile, sans préjudice des sanctions qui peuvent leur être infligées par la Cour de discipline budgétaire et financière. En pratique, la responsabilité des ordonnateurs est très rarement engagée (Michel Gillibert, ancien secrétaire d'État aux handicapés, en juillet 2004).

■ *Les comptables*

a) Les différents comptables

Les ***comptables du Trésor***, les plus nombreux, sont dotés d'une ***compétence générale*** : ils sont présents dans les 4 100 postes comptables : trésoreries générales au niveau départemental (appelées aujourd'hui directions départementales des finances publiques) (115) et trésoreries (appelées postes comptables) au niveau cantonal (3 800) auxquelles il faut ajouter des paieries placées auprès de certaines ambassades (25) et quelques centres de la redevance audiovisuelle.

Parmi les comptables publics, on distingue les ***comptables principaux*** (150) qui rendent directement leurs comptes à la Cour des comptes (qui prennent progressivement la dénomination d'administrateurs généraux des finances publiques) et les ***comptables secondaires***, dont les opérations sont centralisées par le comptable principal (qui prennent progressivement la dénomination d'administrateurs des finances publiques), et qui centralisent eux-mêmes les opérations réalisées par les ***comptables subordonnés*** (les trésoriers par exemple).

Les autres comptables n'ont qu'une ***compétence d'attribution*** : comptables des budgets annexes, comptables spéciaux, comptables des administrations financières...

b) La responsabilité des comptables

Le comptable public est ***personnellement et pécuniairement responsable*** des opérations dont il est chargé. Cette responsabilité peut être engagée de son fait personnel ou à raison de faits de ses subordonnés. Les comptables sont en conséquence tenus de constituer des garanties lors de leur entrée en fonction : cautionnement ou affiliation à une association de cautionnement mutuel, assurance personnelle.

2 Les opérations d'exécution

■ *L'exécution des dépenses*

a) Les opérations administratives de l'ordonnateur

L'ordonnateur procède à ***l'engagement*** des dépenses : c'est l'acte par lequel l'administration crée ou constate à son encontre une obligation d'où résultera une charge (attribution d'une subvention, règlement d'un marché...).

L'ordonnateur procède à la ***liquidation***, qui a pour objet de vérifier la réalité de la dette et d'arrêter le montant de la dépense.

L'ordonnateur procède enfin à ***l'ordonnancement***, qui est l'acte donnant l'ordre au comptable de payer la dépense.

b) Les opérations du comptable

Le comptable procède aux ***vérifications*** (disponibilité des crédits, exacte imputation de la dépense...) et vise ensuite l'ordonnance en s'assurant que le paiement a un caractère libératoire.

■ *Les opérations d'exécution des recettes*

a) Le recouvrement des impôts directs

Les opérations administratives incombant à l'ordonnateur sont réalisées par les services fiscaux : ils ***constatent les droits***, puis ***liquident l'impôt*** et enfin émettent un ***ordre de recettes*** représenté par un rôle nominatif. L'ordre de recettes est pris en charge par le comptable du Trésor public, rendant celui-ci personnellement et pécuniairement responsable du recouvrement de l'impôt. La Direction générale des impôts et la Direction de la comptabilité publique (Trésor public) ont fusionné en 2008 dans une Direction générale des finances publiques.

b) Le recouvrement des impôts indirects

Pour les impôts indirects, la séparation entre ordonnateurs et comptables est pratiquement inexistante et supprime les phases préliminaires d'assiette et d'émission de titre de perception, le ***comptable recouvrant directement les recettes***.

La direction générale des Douanes et des Droits indirects recouvre la TVA sur les marchandises extra-communautaires, la TVA sur les produits pétroliers, la taxe intérieure sur les produits pétroliers, la taxe sur les tabacs et alcools. La direction générale des Impôts recouvre la TVA interne et intra-communautaire.

c) Le recouvrement des autres recettes

Les recettes ***domaniales*** sont recouvrées par les comptables de la direction générale des Impôts (service des Domaines) ; le recouvrement des ***condamnations pécuniaires*** (amendes civiles, pénales, administratives, fiscales, frais de justice...) est réalisé par les comptables du Trésor.

Les dispositions de la loi organique, applicables en 2006, prévoient une nouvelle organisation comptable :

- tout ce qui a trait au suivi de l'exécution budgétaire restera, comme actuellement, suivi en fonction des encaissements et des paiements effectués par les comptables publics (art. 28) ;
- à côté de cette comptabilité d'exécution budgétaire, la loi organique pose le principe (art. 30) de la mise en place d'une véritable comptabilité patrimoniale inspirée des règles de la comptabilité privée. Dans ce contexte, toutes les ressources et les charges de l'État seront enregistrées non en fonction des dates de paiement ou d'encaissement mais selon le principe de la constatation des droits et rattachés à l'exercice.

Les aménagements et les sanctions au principe de séparation

Chapitre 13

L'instauration de régies de recettes ou d'avances fait perdre au comptable l'exclusivité du maniement des deniers publics. Hors cet aménagement, organisé par les textes, la méconnaissance du principe de séparation fait encourir à toute personne une accusation de gestion de fait.

1 Les régies

L'organisation des régies

Le décret du 20 juillet 1992 modifié relatif aux régies de recettes et aux régies d'avances des organismes publics, prévoit que les régies sont créées par ***arrêté conjoint du ministre chargé du Budget et du ministre intéressé***, par arrêté ministériel, ou par arrêté préfectoral pris après avis du trésorier-payeur général (Directeur régional ou départemental des finances publiques).

Le ***régisseur est nommé par arrêté de l'ordonnateur*** avec ***l'agrément du comptable assignataire***, c'est-à-dire pour le compte duquel la régie fonctionnera. Le régisseur doit constituer un ***cautionnement*** qui varie en fonction du montant des sommes maniées : les petites régies (moins de 1 220 euros) ne sont pas assujetties à un cautionnement. En contrepartie, les régisseurs perçoivent une ***indemnité de responsabilité***, de faible montant (de 110 euros à 1 050 euros – selon l'importance de la régie).

Le fonctionnement des régies

a) Les régies de recettes

La nature des recettes encaissées par le régisseur est fixée dans l'acte institutif de la régie mais aucun impôt et taxe ne peuvent être encaissés par l'intermédiaire d'une régie.

Le régisseur exerce des fonctions de caissier en principe dévolues au comptable mais elles consistent essentiellement en des tâches matérielles d'exécution, c'est-à-dire de perception de fonds. Il doit justifier et ***verser au comptable assignataire au moins une fois par mois les recettes qu'il a encaissées*** (droits d'inscription dans les universités, droits d'entrée dans les musées nationaux...).

b) Les régies d'avances

La régie d'avances consiste, pour le ***comptable assignataire, à faire une avance de fonds au régisseur***, afin que celui-ci puisse payer certaines dépenses. Les dépenses de matériel et de fonctionnement ne dépassant pas 750 euros par opération peuvent être payées par une régie (frais postaux, frais de carburant, frais de réception...) ; peuvent également être payées par régie d'avance les dépenses liées à du personnel vacataire ou les frais de mission ou de stage. Le montant de l'avance est fixé par l'acte institutif de la régie mais il ne peut excéder le quart du montant des dépenses prévisibles annuelles à payer par le régisseur. ***Le régisseur doit remettre les pièces justificatives des dépenses payées, soit à l'ordonnateur soit au comptable assignataire au moins une fois par mois.***

Le contrôle des régies

a) Par le comptable assignataire

Les régisseurs doivent tenir une comptabilité qui doit faire ressortir à tout moment la situation de l'encaisse ou de l'avance et sont soumis au contrôle du comptable assignataire auprès duquel ils sont placés. Lorsque le régisseur cesse ses fonctions, il demande au comptable un ***certificat de libération définitive des garanties qu'il a constituées*** (cautionnement), sous la condition qu'il ait versé au comptable la totalité des recettes encaissées ou qu'il a justifié de l'emploi de l'intégralité des avances mises à sa disposition. Le ***comptable dispose de six mois*** pour se prononcer sur la demande : passé ce délai, il ne peut refuser le certificat que s'il demande à l'autorité qualifiée la mise en débet du régisseur.

b) Par les autres autorités de contrôle

Le régisseur est également soumis au contrôle de *l'ordonnateur* auprès duquel il est placé, de *l'Inspection générale des Finances* et du *directeur départemental des finances publiques*.

2 La sanction au principe

■ *La gestion de fait*

a) La définition légale de la gestion de fait

La gestion de fait est à la fois une ***infraction aux règles de la comptabilité publique*** et un délit pénal. L'article 60.XI de la loi de finances du 23 février 1963 prévoit que toute personne qui, sans avoir la qualité de comptable public ou sans agir sous son contrôle, ***s'ingère dans le recouvrement de recettes*** affectées ou destinées à un organisme public, ou qui reçoit ou ***manie directement ou indirectement des fonds et valeurs irrégulièrement extraits de la caisse d'un organisme public, peut être accusée de gestion de fait***.

b) Les comptables de fait

Les ***personnes physiques*** peuvent être déclarées comptables de fait : la déclaration de gestion de fait est prononcée contre ***tous ceux qui ont participé activement ou passivement à l'irrégularité*** ; les ***co-auteurs sont déclarés conjointement et solidairement comptables de fait*** si les opérations sont insusceptibles d'être individualisées. La jurisprudence étend la déclaration de gestion de fait à ceux qui ont ***connu et toléré les irrégularités***.

Les ***personnes morales*** (associations, entreprises, établissements publics) de droit privé ou de droit public peuvent être déclarées comptables de fait, généralement de manière conjointe et solidaire avec d'autres co-auteurs (personnes physiques) des irrégularités.

■ *Les conséquences de la gestion de fait*

a) Les obligations du comptable de fait

La loi de 1963 assujettit les comptables de fait aux ***mêmes obligations que les comptables patents***, c'est-à-dire à l'établissement et à la production du compte de leurs opérations au juge financier, assorti de toutes pièces justificatives. Cette reddition des comptes est ordonnée par la juridiction financière et si plusieurs personnes sont déclarées conjointement et solidairement comptables de fait, l'obligation de produire le compte doit être remplie solidairement et le compte signé par chacune d'elles.

b) Les sanctions encourues par le comptable de fait

L'action en déclaration de gestion de fait se prescrit à l'issue d'un délai de dix ans.

Le juge des comptes peut prononcer des ***amendes pour retard dans la production des comptes ou/et pour sanctionner la gestion de fait*** elle-même.

La ***Cour des comptes peut déférer à la Cour de discipline budgétaire et financière*** les comptables de fait (sauf les ministres) lorsque leurs agissements ont entraîné certaines infractions (octroi d'avantages injustifiés, transgression des règles d'exécution des dépenses et des recettes ou de gestion des biens) connexes à la gestion de fait : en fonction des circonstances (atténuantes ou aggravantes), la ***Cour de discipline budgétaire et financière prononce une amende***, dont le montant varie selon l'infraction et la qualité de celui qui l'a commise.

Les amendes pour gestion de fait ne pourront être prononcées que si le comptable n'a pas fait l'objet de ***poursuites pénales*** au titre du délit d'***usurpation de fonctions*** (article 433-12 du Code pénal).

Si le comptable de fait est un fonctionnaire ou un agent public, les différentes sanctions peuvent être complétées par des ***sanctions disciplinaires*** prises par l'autorité hiérarchique selon les procédures en vigueur.

Le contrôle de l'exécution de la loi de finances

PARTIE 5

Les contrôles administratifs

Chapitre 14

Les contrôles administratifs sont des contrôles internes, réalisés a priori, *par certains corps, agents ou instances spécialisés de l'État, et portant à la fois sur les ordonnateurs principaux ou secondaires et sur les comptables.*
Le contrôle financier est régi par les dispositions du décret du 7 novembre 2012 (articles 87 et suivants).

1 Le contrôle sur les ordonnateurs

■ *Le contrôleur financier*

a) Le contrôle financier central

La loi du 10 août 1922 relative à l'organisation du contrôle des dépenses engagées a institué dans chaque ministère ***un contrôleur financier***; le décret du 18 novembre 2005 relatif aux missions, à l'organisation et aux emplois de direction des services de contrôle budgétaire et comptable ministériel prévoit que celui-ci est ***nommé par le ministre des Finances et placé sous sa seule autorité*** : hauts fonctionnaires des Finances disposant d'un statut particulier, ils bénéficient d'une ***totale indépendance vis-à-vis du ministre contrôlé***.

b) Le contrôle financier déconcentré

Le décret du 7 novembre 2012 (article 88) confie au directeur régional des finances publiques la charge d'assurer le contrôle financier. Il est assisté par un membre du contrôle général économique et financier, un expert de haut niveau ou un administrateur des finances publiques.

c) Les missions du contrôleur financier

Lors de l'examen de la programmation budgétaire, le contrôleur financier ***vérifie le caractère sincère des prévisions de dépenses et d'emplois*** présentées par les responsables de programme, et au sein de chaque programme, par les gestionnaires des administrations. Il ***vise le document annuel de programmation budgétaire*** initiale établi par chaque ministre au plus tard un mois avant le début de l'exercice. Il ***doit s'assurer de la constitution d'une réserve de crédits*** destinée à prévenir une détérioration de l'équilibre budgétaire. Lorsque l'absence de document de programmation budgétaire l'empêche de pouvoir apposer son visa avant le 15 janvier, il saisit avant le 10 janvier le ministre des Finances en vue de l'approbation de la programmation budgétaire. Il émet un ***avis préalable sur les documents prévisionnels de gestion*** : cet avis porte sur la cohérence budgétaire d'ensemble, sur l'impact des charges sur les finances publiques et sur la couverture des dépenses que l'État est juridiquement tenu de supporter. Il vise (65 000 visas par an dont 47 000 pour les dépenses de personnel) ou émet un avis préalable sur un ensemble de documents (actes d'engagement, délégations de crédits, diminution des crédits affectés aux dépenses de personnel, demande de crédits additionnels...), en appréciant la régularité de l'acte (pas sa légalité) : imputation de la dépense, disponibilité des crédits et des emplois, exactitude de l'évaluation... En principe, il doit procéder à ***l'examen du visa ou de l'avis préalable sous quinzaine***, au maximum, le non-respect de ce délai (sauf demande de pièces complémentaires) valant autorisation pour l'autorité compétente. ***Il ne peut être passé outre un refus de visa que sur autorisation du ministre des Finances*** saisi par le ministre concerné. Un avis préalable défavorable ne lie pas le responsable de programme ou de service : lorsque ce dernier décide de ne pas se conformer à l'avis donné, il informe le contrôleur financier, par écrit, des motifs de sa décision.

■ *Le comptable*

a) Le contrôle de la régularité budgétaire

Le comptable public, en qualité de payeur, exerce une fonction de contrôleur de la régularité de l'ordre de paiement, du seul point de vue budgétaire et comptable. Aucun délai n'est imposé au comptable pour réaliser son contrôle et s'il estime la dépense régulière, il vise l'ordonnance.

b) Le refus de paiement et la réquisition

S'il estime qu'une dépense est irrégulièrement ordonnancée, le comptable suspend le paiement et notifie sa décision à l'ordonnateur. L'ordonnateur peut passer outre à ce refus en adressant au comptable un ordre de réquisition qui est transmis par le comptable au ministre des Finances, qui l'adresse à la Cour des comptes : la procédure de réquisition dégage la responsabilité du comptable et engage celle de l'ordonnateur. Le comptable réquisitionné doit en principe déférer à l'ordre de payer, sauf en cas d'indisponibilité des crédits, absence de service fait, absence de visa du contrôleur financier ou caractère non-libératoire du paiement.

2 Le contrôle sur les comptables

■ *L'Inspection générale des Finances*

a) L'organisation de l'Inspection générale des Finances

L'Inspection générale des finances est composée et organisée selon les prescriptions du décret du 14 mars 1973 modifié par le décret du 4 octobre 2006. Les membres de ce grand corps de l'État sont ***recrutés par la voie de l'ENA*** et à raison du tiers, au tour extérieur. Le corps peut accueillir des ***hauts fonctionnaires en position de détachement ; cinq inspecteurs généraux en service extraordinaire*** peuvent être nommés parmi les fonctionnaires de cinquante-cinq ans au moins ayant exercé des fonctions de direction. Ce corps compte environ ***270 membres mais moins du tiers des effectifs exerce ses fonctions à l'Inspection***. Placée sous l'autorité d'un chef de service, l'Inspection est organisée en ***divisions territoriales*** (qui couvrent plusieurs départements) et ***spéciales*** (thématiques) ; l'Inspection exerce ses fonctions par la voie de ***tournées effectuées sur place par des brigades de vérification***.

b) Les missions de l'Inspection générale des Finances

L'Inspection ***contrôle sur pièces et sur place, à l'improviste, les comptables publics***, et tous les agents des services déconcentrés du ministère des Finances. L'Inspection ***constate*** un ***rapport contradictoire*** rédigé sur la situation, puis adressé au ministre.

L'Inspection ***contrôle les ordonnateurs secondaires***, contrôle qui s'effectue sur pièces.

L'Inspection ***contrôle les organismes bénéficiant d'avantages financiers***, qu'il s'agisse de subventions, de concours financiers divers (apport en capital, prêts...), ou de fonds publics et assimilés (prélèvements obligatoires, fonds européens...), et divers autres organismes (Caisses d'Épargne, sociétés d'assurance-vie...).

■ *Le Directeur départemental des Finances publiques*

Le directeur départemental des finances publiques est chargé d'une mission de ***surveillance et de contrôle sur les comptables publics*** : son contrôle s'effectue sur place, sur pièces, à l'improviste et donne lieu à l'établissement d'un rapport, communiqué pour observations au comptable public contrôlé.

Le directeur départemental des finances publiques ***contrôle les organismes bénéficiant d'avantages financiers***, dans les mêmes conditions que l'Inspection générale des Finances.

Les contrôles juridictionnels

Chapitre 15

Les contrôles juridictionnels exercés sur l'exécution de la loi de finances sont des contrôles externes et présentent la particularité d'être des contrôles a posteriori, *ce qui signifie qu'ils sont réalisés une fois que les opérations d'exécution sont achevées. Deux juridictions assurent ce contrôle et constituent (avec les chambres régionales des comptes) sur le plan budgétaire, un programme de la Mission Conseil et Contrôle de l'État.*

1 La Cour des comptes

L'organisation de la Cour des comptes

a) La composition

Créée en 1807, la Cour des comptes est composée de ***magistrats inamovibles*** : la ***magistrature assise*** comprend les ***auditeurs*** (une quinzaine), les ***conseillers référendaires*** (soixante-dix environ) et les ***conseillers-maîtres*** en service ordinaire (cent quarante environ) ou extraordinaire (une dizaine). Les magistrats de la Cour sont majoritairement recrutés parmi les élèves de l'ENA mais une certaine proportion est recrutée au tour extérieur (un quart des conseillers référendaires, un tiers des conseillers-maîtres). Les ***présidents des chambres*** sont choisis parmi les conseillers-maîtres. La Cour est dirigée par un ***Premier président*** (Didier Migaud, depuis 2010). Le Ministère public est composé d'un ***Procureur général*** assisté d'un Premier avocat général et d'avocats généraux. La Cour dispose d'un personnel administratif (260 personnes environ).

b) L'organisation

Les arrêts et décisions sont délibérés collégialement au sein de ***sept chambres*** spécialisées (numérotées de 1 à 7) dont les attributions sont fixées par le Premier président.

La Cour dispose de deux formations spéciales : la ***chambre du Conseil***, composée du Premier président, des présidents de chambre et des conseillers-maîtres, délibère sur le rapport relatif à la loi de règlement et les différents rapports publics ; les ***chambres réunies***, composées du Premier président, des présidents de chambre et de deux conseillers-maîtres par chambre, exercent un rôle consultatif en formulant des avis sur les questions de procédure et un rôle juridictionnel en statuant sur les comptes renvoyés par le Premier président et sur les affaires renvoyées par le Conseil d'État après cassation.

■ *Les attributions juridictionnelles de la Cour des comptes*

a) Le jugement des comptes des comptables publics

Les comptables de l'État ou des établissements publics doivent rendre leurs comptes à la Cour avant une certaine date (31 juillet pour les comptables de l'État), assortis des pièces justificatives ; en cas de retard, une amende est prononcée par la Cour. ***La procédure est contradictoire*** : une instruction est faite par un magistrat et une contre-instruction par un autre ; cette instruction repose sur des échanges avec le comptable par écrit et, s'il le demande, par oral. Lorsque les comptes sont ***réguliers, la Cour rend un arrêt de décharge*** lors d'une audience publique ; lorsqu'elle constate une irrégularité qui se traduit par un déficit de caisse, elle rend un ***arrêt de débet*** condamnant le comptable à payer les sommes manquantes. Les arrêts de la Cour peuvent être soumis au Conseil d'État par voie de cassation. La Cour reçoit environ 1 300 comptes ou états financiers chaque année (520 d'établissements publics, 130 de comptables des administrations financières...).

b) La Cour des comptes, juge d'appel

Les jugements définitifs des chambres régionales des comptes peuvent être soumis à la Cour des comptes qui statue comme juridiction d'appel.

■ *Les contrôles de gestion réalisés par la Cour*

a) Le contrôle de la gestion des ordonnateurs

La Cour s'assure du ***bon emploi des fonds et valeurs*** gérés par les services de l'État ou les autres personnes morales de droit public. Ce contrôle administratif, dépourvu de sanction juridique, peut donner lieu en cas de faute grave de gestion à un ***référé du Premier président*** adressé au ministre concerné, avec copie au ministre des Finances ; en vertu du Code des juridictions financières, les référés et les réponses des ministres sont transmis de droit aux commissions des finances parlementaires dans un délai de trois mois. Pour des problèmes moins graves, les ***présidents de chambre*** peuvent communiquer par ***lettre*** leurs observations aux autorités compétentes (directeurs, chefs de service...) ; enfin, le ***Procureur général*** peut adresser une ***note*** au service concerné sur les problèmes de gestion mineurs.

b) Le contrôle des comptes et de la gestion des entreprises publiques

Plus de 1 000 entreprises publiques ou filiales sont soumises au contrôle de la Cour. Un ***rapport d'instruction*** est délibéré par la chambre compétente, et après communication et réponse du dirigeant de l'entreprise et du ministère de tutelle, la chambre statue sur les comptes et la gestion en adressant au ministre concerné un rapport particulier.

c) Le contrôle des organismes de Sécurité sociale

Les organismes nationaux de Sécurité sociale qui ont le statut d'établissement public national, et tous les organismes de droit privé qui assurent tout ou partie de la gestion d'un régime légalement obligatoire et les unions et fédérations de ces organismes sont soumis au contrôle de la Cour (soit environ 950 organismes). Les contrôles de la Cour sont réalisés sur signalement, déclenchés par des indicateurs d'alerte, ou pas, soit par la Cour elle-même, soit par des administrations spécialisées dont le concours est demandé par le président de la chambre compétente (inspection du travail...).

d) Les autres contrôles

Les organismes bénéficiaires de taxes parafiscales, de subventions ou de ***concours financiers publics français ou communautaires***, ou les ***organismes faisant appel à la générosité publique***, peuvent être contrôlés par la Cour (Association de recherche sur le cancer en 1996, Médecins sans frontières en 1998, Ligue contre le cancer en 1999, fonds SIDACTION en 2000, Médecins du Monde en 2001, Fondation de France en 2002, SPA en 2003, UNICEF en 2004, ARC en 2005, Fondation Abbé Pierre en 2006, Secours Catholique en 2007, associations pour les victimes du tsunami en 2011, la Fondation Nicolas Hulot en 2012, la Fédération des associations des chiens guides d'aveugles en 2013, l'Institut Curie en 2015). La Cour contrôle également ***les organismes collecteurs*** (800 environ) ***de participations obligatoires*** (1 % logement, formation professionnelle...) et les ***dons ouvrant droit à un avantage fiscal*** au titre du mécénat.

■ *Les rôles d'assistance et d'information de la Cour*

a) L'assistance au gouvernement et au Parlement

Le gouvernement, ou le Premier ministre, peut demander des ***enquêtes*** à la Cour ; la Cour assiste le Parlement et le gouvernement dans ***le contrôle de l'exécution des lois de finances***, et dans celui de l'exécution des ***lois de financement de la Sécurité sociale*** et la Cour remet au Parlement chaque année un ***rapport analysant les comptes de la Sécurité sociale***. La loi organique du 2 août 2005 relative aux lois de financement de la Sécurité sociale lui confie ***une mission de certification de la régularité, de la sincérité et de la fidélité des comptes des organismes nationaux du régime général*** et des comptes combinés de chaque branche. Elle peut également procéder à des ***enquêtes*** à la demande des commissions parlementaires saisies au fond du projet de loi de financement de la Sécurité sociale. Elle doit également établir ***un rapport sur la situation financière et la gestion des collectivités locales et de leurs établissements publics***.

Depuis 2006, la Cour est investie des fonctions de commissaire aux comptes de l'État : elle ***certifie la régularité, la sincérité et la fidélité des comptes de l'État.***

Ses missions d'assistance ont été sensiblement accrues en faveur du Parlement par la loi organique de 2001. Ainsi, elle a l'obligation de répondre aux demandes d'assistance formulées par le Président et le rapporteur général de la commission des finances. Elle doit également déposer un rapport conjoint au dépôt de tout projet de loi de finances sur les mouvements de crédits opérés par voie administrative dont la ratification est demandée dans ce projet de loi de finances.

b) L'information des administrés

Chaque année, la Cour remet un ***rapport au président de la République*** qui est ensuite mis à la disposition du public : ce ***rapport public***, qui peut faire l'objet d'un débat parlementaire, contient une sélection des observations de la Cour ou des chambres régionales des comptes. La Cour peut également produire des ***rapports thématiques*** analysant des politiques publiques (l'eau et l'assainissement, la gestion des crédits militaires, les musées nationaux, la fonction publique de l'État, le réseau ferroviaire, l'école, la politique de la ville, Sciences Po, Radio France, Pôle Emploi, les lycées, le maintien à domicile des personnes âgées...).

2 La Cour de discipline budgétaire et financière

L'organisation de la Cour

Créée en 1948, elle est ***présidée par le Premier président de la Cour des comptes, vice-présidée par le Président de la section des finances du Conseil d'État*** et comprend cinq conseillers-maîtres à la Cour des comptes et cinq conseillers d'État. Le Ministère public est assuré par le Procureur général de la Cour des comptes.

La Cour peut être saisie dans un ***délai de cinq ans*** à compter du jour où aura été commis le fait susceptible d'être sanctionné : elle peut être saisie par les ministres et les présidents des assemblées, par la Cour des comptes et les chambres régionales des comptes ou par tout créancier d'une personne morale de droit public en cas de non-ordonnancement dans les deux mois d'une somme au paiement de laquelle cette personne morale est condamnée par une décision de justice.

La compétence de la Cour

Les ministres ne peuvent être jugés par la Cour ; sont justiciables de la Cour les membres des cabinets ministériels, les fonctionnaires civils ou militaires, les agents des organismes soumis au contrôle des juridictions financières ou les dirigeants des entreprises publiques.

La Cour est compétente pour juger les ***infractions à la réglementation financière*** (règles d'exécution des recettes et dépenses, gestion des biens, marchés publics...), ***l'octroi d'avantages injustifiés*** (paiement en l'absence de livraison, versement irrégulier d'indemnités ou d'avantages en nature...) et les ***infractions au respect de la chose jugée*** (manquement aux règles d'ordonnancement de dépenses résultant d'une décision de justice...).

La procédure et les sanctions

La saisine de la Cour est adressée au Procureur général et le Président de la Cour désigne un ***rapporteur*** ; lorsque son instruction est close, le dossier est transmis au Procureur général : la personne mise en cause a connaissance du dossier, peut produire un mémoire écrit et se faire assister par un avocat. L'audience de jugement est en principe non publique, mais le Conseil d'État a estimé en 1998 que cette particularité était contraire à l'article 6 de la Convention européenne des droits de l'homme et a précisé que, lorsque la Cour est saisie d'agissements pouvant donner lieu à des amendes, elle doit siéger en audience publique.

Les sanctions prononcées par la Cour sont toujours des ***amendes***, modulables en fonction de circonstances atténuantes ou aggravantes. Selon les infractions, les amendes peuvent aller de 150 euros au double du montant brut annuel du salaire de la personne coupable de l'infraction. La plus forte amende prononcée par la Cour l'a été en 2006, à l'encontre d'un dirigeant du Crédit lyonnais (100 000 euros d'amende). La Cour peut décider de donner une publicité à la sanction en faisant publier l'arrêt au *Journal officiel* ; les arrêts de la Cour peuvent faire l'objet d'un recours en cassation devant le Conseil d'État.

Les contrôles politiques

Chapitre 16

Les contrôles politiques sont des contrôles parlementaires s'exerçant en cours d'exécution du budget, par l'information apportée aux assemblées ou que celles-ci peuvent obtenir, ou s'exerçant après l'exécution budgétaire à l'occasion du vote de la loi de règlement définitif du budget.

1 Le contrôle en cours d'exécution

Les contrôles parlementaires en cours d'exécution de la loi de finances consistent en un droit d'information sur l'exécution du budget, dont est principalement titulaire la commission des finances de chaque chambre, qui reçoit ou sollicite du gouvernement de nombreuses communications budgétaires.

■ *Les rapporteurs budgétaires*

Une mission de suivi et de contrôle d'exécution de la loi de finances est dévolue aux commissions des finances à travers leur président, leur rapporteur général et leurs rapporteurs spéciaux, qui peuvent procéder à toutes *investigations sur pièces et sur place* et à toutes auditions jugées utiles.

Tous les renseignements ou documents d'ordre financier et administratif qu'ils demandent (sous réserve des sujets à caractère secret : défense...) doivent leur être fournis : en cas de refus, le président de la commission des finances peut demander en référé, au juge administratif, de faire cesser cette entrave sous astreinte.

La commission des finances

La commission des finances de chaque chambre reçoit du ministère des Finances des ***situations mensuelles de dépenses*** par titre et ministère, des relevés des rentrées fiscales mensuelles et des ***situations trimestrielles des dépenses engagées***. Elle peut auditionner le ministre des Finances ou d'autres ministres en vue d'explications sur l'exécution de la loi de finances.

Émanation de la commission des finances, la ***Mission d'évaluation et de contrôle*** évalue, depuis 1999, l'efficacité de la dépense publique et la contrôle, en liaison avec la Cour des comptes. Lorsqu'une telle Mission donne lieu à des observations notifiées au gouvernement, celui-ci doit y répondre par écrit dans les deux mois.

L'article 49 de la loi organique de 2001 prévoit qu'en vue de l'examen et du vote du projet de loi de finances, les commissions des finances (et les autres commissions concernées) adressent des ***questionnaires au gouvernement avant le 10 juillet***, celui-ci devant y répondre avant le 10 octobre.

2 Le contrôle après exécution

La loi de règlement

Comme le prévoit la loi organique de 2001 (article 37), la loi de règlement arrête le ***montant définitif des recettes et des dépenses du budget auquel elle se rapporte*** ; elle ***arrête également le montant définitif des ressources et des charges de trésorerie*** ayant concouru à la réalisation de l'équilibre financier, présenté dans un tableau de financement. Elle ***approuve le compte de résultat*** de l'exercice, affecte au bilan le résultat comptable et approuve ce bilan. Elle peut ***ratifier des opérations non autorisées lors du vote de la loi de finances*** initiale (dépassements de crédits, décrets d'avances...). Enfin, elle peut comporter toutes dispositions relatives à l'information et au contrôle du Parlement sur la gestion des finances publiques, notamment.

Sept documents, pour certains très détaillés, doivent accompagner le projet de loi de règlement (rapports annuels de performance, annexes explicatives développant par programme ou dotations les crédits et découverts de chaque budget annexe et compte spécial...). En outre, la Cour des comptes certifie la régularité, la sincérité et la fidélité des comptes, comme le ferait un commissaire au compte.

■ *Le régime juridique de la loi de règlement*

Le projet de loi et les documents qui l'accompagnent doivent être déposés et distribués avant le 1er juin de l'année suivant celle de l'exécution du budget. Au reste, le projet de loi de finances de l'année ne peut être mis en discussion devant une assemblée avant le vote par celle-ci, en première lecture, sur le projet de loi de règlement afférent à l'exercice précédent. Cela rend possible l'examen préalable du projet de loi de règlement permettant ainsi d'éclairer les données prospectives du projet de loi de finances de l'année grâce aux enseignements tirés de l'exécution du dernier exercice.

Le budget social

PARTIE 6

La loi de financement de la Sécurité sociale

Chapitre 17

Si les finances sociales ne peuvent être incluses dans le périmètre des finances publiques, du moins en droit interne, elles ne sont toutefois pas sans incidence sur le budget de l'État, ne serait-ce que par les contributions sociales qui pèsent sur lui, par les impôts et taxes affectés au budget social ou par la reprise de dettes sociales par l'État ou l'un de ses établissements publics.

1 Le régime juridique de la loi de financement

■ *Le contenu de la loi de financement*

La révision constitutionnelle du 22 février 1996 a permis au ***Parlement de déterminer les conditions générales de l'équilibre financier de la Sécurité sociale et de fixer les objectifs de dépenses compte tenu des prévisions de recettes*** par le vote d'une loi de financement qui présente un ***aspect prévisionnel*** dépourvu de caractère normatif. La loi organique du 22 juillet 1996, modifiée par la loi organique du 2 août 2005, relative aux lois de financement de la Sécurité sociale prévoit que chaque année une loi de financement approuve les orientations de la politique de santé et de Sécurité sociale et les objectifs qui déterminent les conditions générales de l'équilibre financier. Elle prévoit, par catégorie, les ***recettes de l'ensemble des régimes obligatoires*** de base, fixe par branche les ***objectifs de dépenses de l'ensemble des régimes obligatoires*** de base, fixe pour chacun de ceux-ci les limites dans lesquelles ses besoins de trésorerie peuvent être couverts par des ressources non permanentes.

Elle s'inscrit dans le cadre plus général de la loi de programmation des finances publiques (2014-2019), qui ne se substitue toutefois pas à la loi de financement annuelle.

■ *La procédure d'adoption de la loi de financement*

a) La présentation de la loi

Le projet de loi de financement doit être accompagné d'un ***rapport*** décrivant les prévisions de recettes et les objectifs de dépenses par branche pour les quatre années à venir, et d'un rapport décrivant les mesures prévues pour l'affectation des excédents ou la couverture des déficits ; neuf catégories d'***annexes*** descriptives concernant, par exemple, les programmes de qualité et d'efficience relatifs aux dépenses et recettes de chaque branche, doivent être jointes au projet de loi ainsi qu'***un rapport de la Cour des comptes*** sur l'application de la loi de financement précédente, sur la certification des comptes, et sur l'année en cours et à venir. À l'exception de ce dernier document, le projet de loi, le rapport et les annexes doivent être déposés ***d'abord sur le bureau de l'Assemblée nationale au plus tard le 15 octobre***.

b) La procédure de vote de la loi

L'article 47.1 de la Constitution et la loi organique du 22 juillet 1996 prévoient que l'Assemblée nationale doit se prononcer ***en première lecture sur le texte dans le délai de vingt jours***. Le gouvernement peut toutefois déposer au Parlement un rapport sur les orientations des finances sociales, qui peut donner lieu à un débat d'orientation (en mai ou juin) éventuellement conjoint avec le débat d'orientation budgétaire. Le Sénat doit pour sa part se prononcer en première lecture dans le délai de ***quinze jours***. ***Au total, le Parlement doit se prononcer dans un délai de cinquante jours*** : à défaut, le gouvernement peut mettre en œuvre les dispositions du projet de loi de financement par une ordonnance spéciale, dite de l'article 47.1.

2 La structure de la loi de financement

■ *Les ressources sociales*

Les ***prévisions de recettes*** des quatre régimes obligatoires de base représentent environ en 2017, 487,8 milliards d'euros. Les cotisations patronales, salariales, des actifs non-salariés et les prestations des régimes spéciaux atteignent environ 307,6 milliards d'euros, les cotisations prises en charge par l'État 7,1 milliards d'euros. Des impôts et taxes sont affectés au financement des régimes obligatoires à hauteur de 140,1 milliards d'euros, dont plus de 60 % au titre de la seule contribution sociale généralisée (80,8 milliards), qui pèse sur tous les revenus auxquels sont appliqués des taux différenciés (7,5 %, 6,2 %, 3,8 %...) ; les autres taxes affectées aux régimes de base représentent 59,3 milliards d'euros : taxe sur les alcools, taxe pharmaceutique... Enfin, 34 milliards d'euros proviennent de recettes diverses (recettes des départements d'outre-mer, comptabilisées à part, de revenus de capitaux...).

Les dépenses sociales

a) Les objectifs de dépenses par branche

Pour 2017, la loi de financement prévoit un objectif de dépenses pour la branche Maladie de 207,1 milliards d'euros, pour la branche Vieillesse de 230,6 milliards d'euros, pour la branche Famille de 49,9 milliards d'euros et pour la branche Accidents du travail de 13,5 milliards d'euros. La part principale de ces dépenses (350 milliards d'euros) concerne le seul régime général.

b) L'objectif national de dépenses d'assurance-maladie

L'objectif national correspond à l'ensemble des dépenses de soins de santé liées aux risques maladie, maternité et accidents du travail, ainsi qu'aux prestations en espèces des risques maladie et accidents du travail (sous forme d'incapacités temporaires) : la loi de financement pour 2017 fixe cet objectif à 190,7 milliards d'euros.

BIBLIOGRAPHIE

Livres à consulter

– Chouvel (F.), *Mémentos LMD – Finances publiques 2017*, 20e éd., Gualino éditeur.

– Brigaud (F.), Uher (V.), *Finances publiques*, A. Colin.

– Albert (J.-L.), *Finances publiques*, Dalloz.

– *Finances publiques*, Les Notices, La Documentation française.

Revues à consulter

– Revue française de finances publiques

– Gestion et Finances Publiques

Sites internet à consulter

– Portail des ministères Économiques et Financiers : *www.economie.gouv.fr*

– Assemblée nationale : *www.assemblee-nationale.fr*

– Sénat : *www.senat.fr*

– Cour des comptes : *www.ccomptes.fr*

– Agence France Trésor : *www.aft.gouv.fr*

– Forum de la performance : *www.performance-publique.budget.gouv.fr*

Achevé d'imprimer en France par France Quercy, 46090 Mercuès - N° d'impression : 61283 - Dépôt légal : janvier 2017